AF204078

STARK

Grundlagen der nationalen und
internationalen Politik

Politik · Sozialkunde-KOMPAKT

Bildnachweis
Umschlag: Victoria / fotolia.com
S. 1: bpk | Scala
S. 33: Foto: Berthold Werner / Wikipedia, CC BY-SA 2.5
S. 39: Rudzio, Wolfgang / Oldenburg
S. 65: freefoto.com (Ian Britton)
S. 69: Statistisches Bundesamt / Wiesbaden 2018
S. 81: © Rainer Geißler: Die Sozialstruktur Deutschlands,
7. grundlegend überarb. Aufl., Wiesbaden 2014
S. 83: Sinus Institut / Heidelberg 2020
S. 97: picture alliance / Sven Simon

Statistiken und Daten
S. 77: Bundesagentur für Arbeit
S. 94 / 95: Sozialbudget 2018, BMAS

© 2023 Stark Verlag GmbH
www.stark-verlag.de
1. Auflage 2018

Inhalt

Vorwort

Politische Systeme und Theorien

1 Weltanschauliche Grundlagen der verschiedenen
    politischen Systeme 2
    1.1 Verhältnis Individuum – Staat 2
    1.2 Notwendigkeit politischer Herrschaft 3
2 Kennzeichen und Formen von Diktaturen 4
    2.1 Einparteien- und Führerdiktatur 6
    2.2 Theokratie 8
    2.3 Militärdiktatur 10
3 Merkmale demokratischer Systeme 12
    3.1 Volkssouveränität 12
    3.2 Das Rechtsstaatsprinzip 14
    3.3 Pluralismus 16
4 Formen demokratischer Partizipation 18
    4.1 Plebiszitäre Demokratie 18
    4.2 Repräsentative Demokratie 20
    4.3 Wahlsysteme und ihre Konsequenzen 22
5 Parlamentarisches und präsidentielles Regierungssystem 24
    5.1 Die beiden Regierungssysteme an den Beispielen der
        USA und Großbritanniens 24
    5.2 Vergleich der beiden Regierungssysteme 26
6 Föderalismus, Zentralismus und Regionalismus 28
    6.1 Föderalismus 28
    6.2 Zentralismus 28
    6.3 Regionalismus 29
7 Aspekte des politischen Wandels 30
    7.1 Evolutionärer politischer Wandel 30
    7.2 Revolutionärer politischer Wandel 31

Politische Ordnung der Bundesrepublik Deutschland

1 Pluralismus 34
    1.1 Parteien 34
    1.2 Medien 36
    1.3 Verbände 38

2 Die Wertordnung des Grundgesetzes 40
  2.1 Die Verfassungsprinzipien 40
  2.2 Die Grundrechte und ihr Schutz 42
  2.3 Das Prinzip der „wehrhaften Demokratie" 44
3 Partizipation durch Wahlen 45
  3.1 Wahlgrundsätze 45
  3.2 Wahlsystem für den deutschen Bundestag 46

4 Die Verfassungsorgane und ihre Funktionsweise im
  politischen Prozess 48
  4.1 Der Bundestag und seine Abgeordneten 48
  4.2 Der Bundestag und seine Organisation 50
  4.3 Der Bundestag und seine Funktionen 52
  4.4 Mehrheit und Opposition im parlamentarischen
     Regierungssystem 54
  4.5 Die Bundesregierung 56
  4.6 Der Bundesrat als Organ des föderalen Systems 58
  4.7 Die Gesetzgebung 60
  4.8 Das Bundesverfassungsgericht 62
  4.9 Der Bundespräsident 64

Sozialstruktur und sozialer Wandel in Deutschland

1 Grundlagen 66
  1.1 Zentrale Begriffe der Soziologie 66
  1.2 Merkmale der Sozialwissenschaften 67
2 Altersstruktur 68
  2.1 Modelle, Faktoren und Entwicklungsphasen 68
  2.2 Bevölkerungspolitik 70
3 Familienstruktur 72
  3.1 Wandel der Familienstrukturen 72
  3.2 Bedeutung der Familie und die Reaktion der Politik 74
4 Berufsstruktur 76
  4.1 Modelle der Gliederung und ihres Wandels 76
  4.2 Ursachen und Folgen des Strukturwandels 78
5 Modelle zur Analyse der Gesellschaftsstruktur 80
  5.1 Grundtypen der Sozialstruktur 80
  5.2 Weitere Ansätze zur Analyse der Gesellschaftsstruktur 82

6 Wandel der entwickelten Industriegesellschaft 84
  6.1 Soziale Mobilität 84
  6.2 Charakterisierungen der heutigen Gesellschaft 86
  6.3 Die Bedeutung von Randgruppen 88
7 Soziale Sicherung und sozialer Ausgleich
  als politische Aufgaben 90
  7.1 Gesellschaftspolitik als Sozialpolitik 90
  7.2 Das System der sozialen Sicherung 92
  7.3 Grenzen der Belastbarkeit 94

Internationale Politik

1 Grundlagen der internationalen Politik 98
  1.1 Zentrale Begriffe der internationalen Politik 98
  1.2 Die Außenpolitik der Bundesrepublik Deutschland 100
2 Die europäische Integration 102
  2.1 Schritte der Integration 102
  2.2 Von der EG zur EU 104
  2.3 Der Vertrag von Lissabon 106
  2.4 Organe und Arbeitsweise der EU 107
  2.5 Gegenwart und Zukunft der EU 109

3 Kollektive Friedenssicherung durch internationale
  Organisationen 116
  3.1 Friedensrisiken und Friedenssicherung 116
  3.2 Geschichte und Aufbau der NATO 118
  3.3 Neuorientierung der NATO 120
  3.4 Die Rolle der Bundeswehr 122
  3.5 Organisation für Sicherheit und Zusammenarbeit
     in Europa (OSZE) 124
  3.6 Ziele und Tätigkeitsbereiche der UNO 126
  3.7 Organisation und Arbeitsweise der UNO 128
  3.8 Friedensmissionen der UNO 131
4 Felder der Friedenssicherung 133
  4.1 Rüstungskontrollpolitik 133
  4.2 Entwicklungspolitik 134

Stichwortverzeichnis 135

Autor: Dr. Fritz Schäffer
Lernvideos: Stark Verlag

Hinweis:

Die entsprechend gekennzeichneten Kapitel enthalten ein **Lernvideo**. An den jeweiligen Stellen im Buch befindet sich ein QR-Code, den Sie mithilfe Ihres Smartphones oder Tablets scannen können.

Im Hinblick auf eine eventuelle Begrenzung des Datenvolumens wird empfohlen, dass Sie sich beim Ansehen der Videos im WLAN befinden. Haben Sie keine Möglichkeit, den QR-Code zu scannen, finden Sie die Lernvideos auch unter:
http://qrcode.stark-verlag.de/948001V

Übersicht der Videos:

Diktatur und Demokratie
Verfassungsorgane der Bundesrepublik Deutschland
Demografischer Wandel
Europäische Integration
UNO – United Nations Organization

Vorwort

Liebe Schülerinnen und Schüler,

dieser Band aus der Reihe „Kompakt-Wissen" bietet Ihnen alle wichtigen Unterrichtsinhalte zu den Bereichen politische Systeme, nationale und internationale Politik, politische Ordnung der Bundesrepublik Deutschland und Struktur der bundesdeutschen Gesellschaft. Dabei ist der Stoff der Lehrpläne auf das für das Abitur notwendige Wissen reduziert.
Damit Sie sich effektiv und schnell auf Klausuren und die Abiturprüfungen vorbereiten können,

- werden die prüfungsrelevanten Unterrichtsinhalte verständlich erklärt;
- sind fast alle Kapitel in gleich viele und gleich lange Unterkapitel gegliedert, sodass die Themen in sinnvollen und überschaubaren Abschnitten gelernt werden können;
- ist bis auf wenige Ausnahmen jedes Kapitel auf zwei Seiten dargestellt, sodass Sie sich schnell orientieren können und übersichtlich den gesamten Stoff zu einem Aspekt präsent haben;
- veranschaulichen viele Schaubilder und Grafiken den Inhalt zusätzlich;
- finden sich Querverweise zwischen den einzelnen Kapiteln, die Zusammenhänge verdeutlichen und ein Vertiefen bestimmter Aspekte ermöglichen;
- sind wichtige Begriffe oder Definitionen farblich hervorgehoben, damit Sie das Allerwichtigste schnell auf einen Blick wiederholen können.

Somit ist dieses Buch vor allem wegen seiner Übersichtlichkeit und klaren Gliederung ideal zum schnellen Nachschlagen von Begriffen, zur zeitsparenden Wiederholung von Unterrichtsstoff und zur intensiven Vorbereitung auf Klausuren und das Abitur.

Ich wünsche Ihnen viel Spaß bei der Lektüre und vor allem großen Erfolg bei der Anwendung des hier erlernten und vertieften Wissens!

Fritz Schäffer

Politische Systeme und Theorien

Die politische Theorie von Platon und Aristoteles bildet eine bedeutende Grundlage der heutigen politischen Systeme in vielen Ländern.

1   Weltanschauliche Grundlagen der verschiedenen politischen Systeme

Politische Ordnungsvorstellungen ergeben sich aus dem jeweiligen Verständnis der Beziehungen zwischen Individuum, Gesellschaft und Staat. Dieses Verständnis ist meist eingebettet in ein durch philosophische Überlegungen begründetes Menschenbild.

1.1   Verhältnis Individuum – Staat

Westliche Demokratien sprechen der menschlichen Persönlichkeit eine naturgegebene Würde zu, die für das Individuum ein Recht auf freie Entfaltung und daraus resultierend ein Recht auf politische Mitwirkung beinhaltet. Dieses Menschenbild wurzelt ebenso in der griechischen Antike wie im Christentum und hat sich im Zeitalter der Aufklärung (17./18. Jahrhundert) philosophisch durchgesetzt.

Die politische Ideologie des **Faschismus** hingegen stellt das einzelne Individuum unter die Gemeinschaft des Volkes und der Rasse. Der Mensch hat sich in den Dienst des Kollektivs zu stellen und muss diesem seine individuellen Bedürfnisse unterordnen.

Auch im **Marxismus** zählt das Individuum weniger als das Kollektiv. Allerdings liegen dieser Theorie keine völkischen oder rassischen Kriterien zugrunde, sondern materielle Begründungen. In der marxistischen Ideologie wird der einzelne Mensch durch seine Klassenzugehörigkeit definiert. Ziel der unterdrückten Klasse des Proletariats ist die Schaffung einer klassenlosen Gesellschaft unter der Führung der kommunistischen Partei. Bis zum Erreichen dieses Ziels kann nach einer erfolgreichen Revolution und der Abschaffung des Privateigentums an Produktionsmitteln eine Diktatur des Proletariats errichtet werden. In dieser Diktatur herrscht das Proletariat und die anderen Klassen werden unterdrückt.

Im **asiatischen Kulturkreis** herrscht gleichfalls, aufbauend auf die Lehren des chinesischen Philosophen Konfuzius (551–479 v. Chr.), eine kommunitäre Einstellung, nach der die Gesellschaft der entscheidende Organismus ist. Das Individuum ist die Summe seiner sozialen Rollen, in denen es sich rollengerecht zu verhalten hat.

Der **Islamismus** lehnt ebenfalls liberale Vorstellungen von der Selbstbestimmung des Individuums ab. Alle Lebensbereiche sind nach religiösen Vorschriften ausgerichtet. Maßgeblich sind geistliche Autoritäten, die den Koran auslegen und daraus politische Handlungsvorgaben formulieren.

1.2   Notwendigkeit politischer Herrschaft

Die Denkschule der **politischen Anarchie** lehnt jede staatliche Herrschaft ab. Sie sieht darin nur ein Instrument zur Unterdrückung und Ausbeutung der Bevölkerung und setzt sich deshalb für die sofortige Zerschlagung aller Staatsgewalt ein. Der Anarchismus entstand als politische Zielsetzung im 19. Jahrhundert infolge wirtschaftlicher, sozialer und politischer Veränderungen. Während er anfänglich Gewaltlosigkeit lehrte, wurden später z. T. auch Terrormittel zur Durchsetzung seiner Ideen angewandt.

Der **Marxismus** strebt ebenfalls in der Endform der klassenlosen Gesellschaft das Ende staatlicher Gewalt an. Bis zum Erreichen dieses Ziels muss mit staatlichen Mitteln der Weg dorthin geebnet werden (Diktatur des Proletariats). In der politischen Realität zeichneten sich die kommunistischen Systeme jedoch durch besonders starke staatsbürokratische und staatshörige Elemente aus, da sich der Einfluss des Staates auf alle Bereiche des Lebens erstreckte.

Alle anderen politischen Theorien sprechen dem Staat eine Daseinsberechtigung zu, da erst durch seine Ordnungssicherheit und Leistungsfunktion das Zusammenleben von Menschen in größeren Gemeinschaften möglich wird. Nach dem englischen Philosophen **Thomas Hobbes** (1588–1679) ist der „Mensch des Menschen Wolf" und muss deshalb durch eine staatliche Macht diszipliniert werden. Damit der Staat dieser Aufgabe nachkommen kann, muss er das **Gewaltmonopol** besitzen. Er legt die Regeln des Zusammenlebens in Gesetzen fest und ist als einzige Macht legitimiert, Verstöße gegen die Gesetze durch Gewalt zu unterbinden und zu bestrafen.

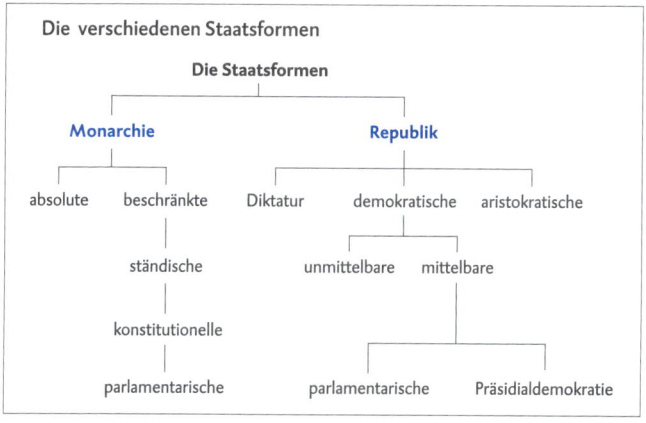

Die verschiedenen Staatsformen

2 Kennzeichen und Formen von Diktaturen

In diesem Kapitel wird die Diktatur allgemein von anderen Herrschafts-formen abgegrenzt und nach verschiedenen **Kategorien und Erscheinungsformen** systematisiert. Allerdings muss darauf hingewiesen werden, dass die historische Realität den Idealtypen aus der Politikwissenschaft nie ganz entspricht. In Wirklichkeit handelt es sich immer um Mischformen, die verschiedene Merkmale einer bestimmten Erscheinungsform aufweisen, aber andere vermissen lassen. So sind selbst die Grenzen zwischen den demokratischen und diktatorischen Systemen fließend, wie beispielsweise durch die plebiszitäre Legitimation diktatorischer Herrschaft.

Merkmale

Der Begriff Diktatur geht zurück auf die Verfassung der römischen Republik. In Zeiten innerer oder äußerer Krisen erhielt ein Diktator für den Zeitraum von sechs Monaten **außergewöhnliche Vollmachten zur Bewältigung der Krisensituation**. Seit Augustus (63 v. Chr. bis 14. n. Chr.) wurde die dauerhafte monarchische Herrschaft der Kaiser durch deren diktatorische Vollmachten ermöglicht.

Eine diktatorische Herrschaft hat **folgende Merkmale:**

- Monopolisierung der Staatsgewalt (Abschaffung der horizontalen und vertikalen Gewaltenteilung);
- Abschaffung legaler Opposition;
- Aufhebung des gesellschaftlichen Pluralismus;
- Gleichschaltung unabhängiger Medien;
- Aufhebung rechtsstaatlicher Verfahrensweisen;
- Verletzung von Grundrechten;
- Durchsetzung der Staatsgewalt mit repressiven Mitteln;
- Verhinderung und Unterdrückung von Meinungs- und Demonstrations-freiheit.

Diktaturen sind überdurchschnittlich oft in instabilen Situationen anzutreffen. Eine solche Instabilität kann wirtschaftlichen, politischen oder sozialen Krisen entspringen. So bedeutete z. B. die Diktatur des Augustus das Ende der 100-jährigen Bürgerkriege in Rom. Auch heute konzentrieren sich Diktaturen oder Mischformen aus Diktatur und Demokratie auf die Länder der Dritten und Vierten Welt, also Südamerika, Afrika und Asien. Der wohlhabendere und stabilere Norden (Europa, Nordamerika sowie einige asiatische Länder) weist hingegen fast nur Demokratien auf.

Formen

Man unterscheidet zwischen autoritären und totalitären Diktaturen, wobei der Grad der politischen Durchdringung der Gesellschaft und der Beherrschung des Individuums als grundsätzliches Unterscheidungskriterium herangezogen wird.

Die **totalitäre Herrschaft** strebt die **Kontrolle aller Teilbereiche** einer Gesellschaft an. Sie will nicht nur das äußere Verhalten, sondern auch das Bewusstsein der Menschen bestimmen. Ziel einer totalitären Regierung ist also nicht nur die Beherrschung der öffentlich-gesellschaftlichen Sphäre, sondern auch des persönlichen und privaten Bereichs der Bürger. Die Herrschaft beruht auf einer **Ideologie oder Weltanschauung**, die auf einen idealen Endzustand der Menschheit ausgerichtet ist. Diese Ideologie bietet die Basis einer mit der Staatsbürokratie vollkommen verflochtenen **Partei**, die in alle Lebensbereiche eindringt. Die Herrschaft dieser Partei wird abgesichert durch ein **Terrorsystem**, das auf geheimdienstlicher Kontrolle und Bespitzelung der Bevölkerung aufbaut. Konkurrierende gesellschaftliche Kräfte wie Verbände, Religionsgemeinschaften oder auch Gewerkschaften werden unterdrückt und ausgeschaltet oder aber gleichgeschaltet und dem Willen der Parteien untergeordnet. Nicht nur die politischen Medien, sondern das gesamte kulturelle Leben wird unter den Einfluss der Partei und ihrer Ideologie gestellt.

Demgegenüber beschränkt sich eine **autoritäre Diktatur** auf die **politische Beherrschung des Staates** und bestimmter Teilbereiche der Gesellschaft. Die zugrunde liegende Ideologie ist nicht-totalistisch und die Durchdringung der Gesellschaft nur begrenzt. Eine eingeschränkte Autonomie von anderen Teilsystemen und die Unabhängigkeit von Teilgruppen auf nicht-politischen Gebieten werden gewährt oder zumindest geduldet. Dies gilt besonders für das Wirtschaftssystem, das häufig neoliberale Züge trägt.

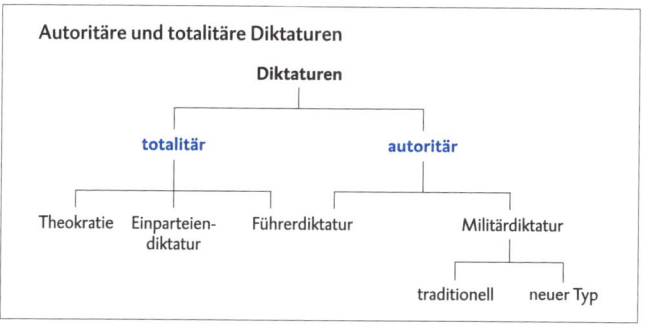

Autoritäre und totalitäre Diktaturen

2.1   Einparteien- und Führerdiktatur

Die Einparteiendiktatur gehört in die Typologie einer totalitären Diktatur. Führerdiktaturen können ihrem Wesen nach **sowohl totalitärer als auch autoritärer Natur sein**. Die Grenze zwischen diesen beiden Diktatur-formen ist fließend. So stellen kommunistische Diktaturen wie die Sowjet-union oder die Volksrepublik China immer die Herrschaft der kommunisti-schen Partei dar, können jedoch auch wie in den Zeiten von Stalin in der Sowjetunion oder Mao Tse-tung in China Führerdiktaturen sein.

Umgekehrt stützten sich Führerdiktaturen wie die Hitlers im national-sozialistischen Deutschland und Mussolinis im faschistischen Italien auch auf die Herrschaft einer Partei und repräsentierten eine durch die Partei organisierte Weltanschauung, die alle gesellschaftlichen Bereiche erfasste. Dagegen tragen die Beispiele Juan Domingo Perón in Argentinien (1946–1955 und 1973–1974) oder weiter zurückliegend Napoleon III. in Frankreich (1852–1870) eher Züge einer autoritären Herrschaft.

Der wesentliche Unterschied ist der, dass in einer **Führerdiktatur** die Erlangung und Sicherung der Macht auf der **charismatischen Herrschaft der Führerpersönlichkeit** beruht. Eine **Einparteiendiktatur** hingegen kann von wechselnden Repräsentanten oder auch Personengruppen an der Spitze der Partei geführt werden. So beschränkten sich die Diktaturen in Deutschland und Italien auf die Amtszeit von Hitler und Mussolini, wäh-rend in der Sowjetunion die Herrschaft der KPdSU vor der Amtszeit Stalins begann und noch fast 40 Jahre seinen Tod überdauert hat und in China die Kommunistische Partei bis heute an der Macht ist.

Merkmale einer Einparteiendiktatur

- Eine Partei beansprucht eine **Monopolstellung** für sich, durchdringt Staat und Gesellschaft und verhindert jede andere politische Strömung.
- Alle Entscheidungen werden von einem Parteiführer oder einer kleinen Gruppe (sogenanntes Politbüro) getroffen, die sich auf eine geschlossene **Ideologie** beruft.
- Zwischen Staat und Partei besteht keine Trennung. Die Führungsstellen auf den verschiedenen Ebenen des Staates werden zumeist in **Personal-union** besetzt (Bürgermeister und Ortschef der Partei, Landrat und Kreis-leiter usw.).
- Die **Entscheidungsprozesse** in Personal- und Sachfragen verlaufen von oben nach unten.
- **Alle gesellschaftlichen Bereiche** wie Kultur, Wissenschaft, Sport, Frei-zeit, Jugend, Schule usw. werden von dem Personal und der Ideologie der Partei durchdrungen und unter deren strenger Kontrolle gehalten.

- Die Unterdrückung und Überwachung der Gesellschaft wird durch ein **Geheimdienst- und Terrorsystem** ohne rechtsstaatliche Grundlage durchgesetzt und gesichert.

- Es existiert keine offizielle Opposition, Richtungskämpfe innerhalb der Partei werden hinter den Kulissen ausgetragen und nur im Ergebnis mitgeteilt. Zur **Ausschaltung parteiinterner Rivalen** werden teilweise Schauprozesse veranstaltet.

- Führungspersonal, Ideologie und Entscheidungen der Partei werden durch eine allgegenwärtige **Propaganda**, die sämtliche Medien des Staates umfasst, verherrlicht und verbreitet. Jede parteikritische Berichterstattung wird durch den Unterdrückungsapparat unterbunden und wenn nötig mit Gewalt bekämpft. Die Propaganda erstreckt sich sogar auf den kulturellen Bereich (Filme, Schlager, Literatur), der streng **überwacht und zensiert** wird.

Merkmale einer Führerdiktatur

Die Führerdiktatur weist im Prinzip ähnliche Merkmale auf wie die Einparteiendiktatur, hinzu kommt aber die Legitimation der Herrschaft durch die charismatische Persönlichkeit des Führers.

Charismatische Herrschaft bedeutet nach dem deutschen Kulturwissenschaftler Max Weber (1864–1920), die auf Befehl und Gehorsam basierende **Herrschaft eines Propheten, Kriegshelden oder Demagogen**, dem sich seine **Gefolgschaft**, seine Jünger, so lange bedingungslos unterordnet, wie sich dessen Charisma bewährt. Eine Führerdiktatur benutzt staatliche Propaganda in Kultur und Medien für einen an religiöse Verehrung heranreichenden **Führerkult** um die Person des charismatischen Diktators.

Eine wichtige Stütze der Herrschaft ist, neben dem Vertrauen der Jünger in die Kraft des Führers, die **Erzwingung der Unterwerfung** unter dessen Willen. Zu den Gefahren für die charismatische Herrschaft zählt neben dem Nachlassen der charismatischen Ausstrahlung des Führers selbst auch die **Versachlichung** der Herrschaft, die die personale Beziehung zwischen dem Führer und seinen Jüngern in den Hintergrund drängen kann. Aus diesem Grund zerfallen charismatische Herrschaftssysteme in der Regel schnell nach dem Sturz oder Ableben der charismatischen Führerfigur.

Es gibt aber auch den Versuch charismatischer Herrscher, die Macht auf ihre Nachkommen zu übertragen und somit eine Dynastie zu gründen. Ein Beispiel für eine solche Herrschaftsübertragung ist in **Nordkorea** zu beobachten. 2011 trat der gegenwärtige Diktator **Kim Jong Un** die Nachfolge seines verstorbenen Vaters Kim Jong Il, Sohn des Staatsgründers **Kim Il Sung**, an. Seine Herrschaft stützt sich allerdings nicht mehr auf eigene charismatische Züge, sondern nur noch auf die **Loyalität des Parteiapparats**.

2.2   Theokratie

Merkmale

Theokratie ist der griechische Ausdruck für **Gottesherrschaft** und bezeichnet eine Herrschaftsform, in der die religiöse und die staatliche Ordnung eine **Einheit** bilden. Dies kann in Form einer Monarchie geschehen, in der der Monarch als Gott oder als Gottesstellvertreter angesehen wird (z. B. das antike Ägypten oder Tibet vor der Besetzung durch China) oder als Staat, in der die Priesterschaft die Staatsgewalt ausübt (z. B. Iran). Ein theokratisches System ist vom Ansatz her **totalitär**, da es zum Ziel hat, alle Lebensbereiche der Gesellschaft nach den religiösen Vorgaben auszurichten.

Iran

Nach der von dem iranischen Geistlichen Ayatollah Khomeini (1900–1989) im Jahr 1979 erfolgreich durchgeführten **islamischen Revolution** stellt der Iran den Versuch eines islamischen Gottesstaates dar. Die Grundlage für das gesellschaftliche und staatliche Zusammenleben bildet die **göttliche Offenbarung des Koran**, dessen Auslegung in der Hand der hohen Geistlichkeit liegt, die deshalb den staatlichen Organen übergeordnet ist. Neben dieser geistlichen Institution existieren jedoch **demokratische Elemente** wie ein vom Volk gewähltes Parlament und ein ebenfalls direkt gewählter Staatspräsident. Innerhalb dieser staatlichen Organe existiert auch eine **Gewaltenteilung** zwischen legislativer und exekutiver Gewalt.

Es besteht also ein Nebeneinander zwischen demokratisch legitimierten und kontrollierten Organen und theologisch legitimierten und nicht kontrollierten geistlichen Organen. Dies führt häufig zu **Widersprüchen**, da die demokratischen Elemente der Verfassung die Mehrheitsentscheidung zur Grundlage haben, während die theologischen Elemente von der göttlichen Wahrheit ausgehen, die keiner Mehrheitsfindung unterliegt. Es besteht also ein Dualismus zwischen einem **Gemeinwohl a priori** (göttliche Offenbarung) und einem **Gemeinwohl a posteriori** (demokratische Mehrheitsentscheidung). Dieser Dualismus führte im Iran nach Khomeinis Tod zu einem beharrlichen **Machtkampf zwischen demokratischen Reformern und geistlichen Fundamentalisten**.

Das iranische System ist totalitär, da sich das gesamte gesellschaftliche Leben an den Vorgaben des Korans orientiert. So wird nicht nur der öffentliche Bereich durch die geistlichen Organe kontrolliert, sondern auch die Privatsphäre der Bürger. Dementsprechend richtet sich auch die **Rechtsprechung** nach den Gesetzen (Scharia) des Islam und steht unter dem Einfluss der Geistlichkeit. Dies bedeutet, dass **religiöse Sittengesetze**, wie die Verschleierung der Frau, durch den Staat propagiert werden.

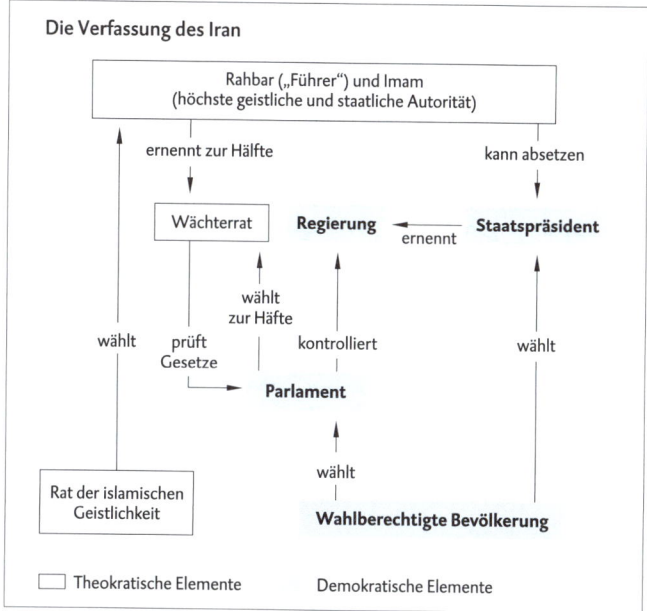

Die Verfassung des Iran

Rahbar („Führer") und Imam
(höchste geistliche und staatliche Autorität)

ernennt zur Hälfte   kann absetzen

Wächterrat   **Regierung**   ←   **Staatspräsident**
ernennt

wählt
zur Häfte

wählt   prüft   kontrolliert   wählt
Gesetze

Parlament

wählt

Rat der islamischen
Geistlichkeit

Wahlberechtigte Bevölkerung

☐ Theokratische Elemente   Demokratische Elemente

Afghanistan unter den Taliban

Eine noch wesentlich radikalere Ausformung einer islamischen Theokratie stellte das **Taliban-Regime** in Afghanistan dar, das von 1996–2001 das Land beherrschte. Unter dieser radikal-islamischen, international nicht anerkannten Regierung wurden Frauen beispielsweise durch staatliche Gewalt daran gehindert, sich unverschleiert in der Öffentlichkeit zu zeigen. Bei Verstößen gegen solche Sittenlehren reagierte das Taliban-Regime mit **drakonischen Strafen** wie Steinigung.

Theokratische Systeme stellen in einer modernen globalisierten Welt **Gegenmodelle zu dem sich ausbreitenden westlichen Lebensstil** dar. In vielen Industrienationen ist das gesellschaftliche Leben geprägt von religiöser Indifferenz, Materialismus und Pluralismus, von denen sich die theokratischen Staaten mit ihrer konträren Weltsicht absetzen wollen. Entsprechend werden sie von der westlichen Führungsmacht USA als **globale Bedrohung** verstanden und spätestens seit den Terroranschlägen des 11. 9. 2001 in New York und Washington D. C., hinter denen Vorstellungen eines islamischen Gottesstaates standen, offensiv bekämpft.

2.3 Militärdiktatur

Merkmale
Militärdiktaturen gehören zur Form der **autoritären Diktaturen**. Folgende Merkmale treffen in der Regel auf sie zu:

- Beseitigung der bisherigen staatlichen Ordnung durch **Militärputsch**, unter Drohung oder Anwendung von militärischer Gewalt;
- Ursache für den Militärputsch ist oft eine Mischung aus ethnisch-religiösen **Spannungen**, sozialer Unzufriedenheit und fehlenden demokratischen Traditionen;
- Macht wird entweder durch einzelnen Militärdiktator (Führerdiktatur) oder Gruppe von Militärs **(Junta)** ausgeübt;
- Herrschaftsausübung basiert auf zeitlich begrenzter **Suspendierung demokratischer Strukturen**;
- Widerspruch zwischen dem Anspruch, durch zeitlich begrenzte diktatorische Gewalt die Gesellschaft zu befrieden sowie den Staat und die Wirtschaft zu sanieren, und der Wirklichkeit, die von **Misswirtschaft, Korruption, Unterdrückung und Gewaltmaßnahmen** gegen die Bevölkerung geprägt ist;
- **Ablösung** entweder durch freiwillige Übergabe an demokratisch legitimierte Politiker oder durch erneuten Putsch konkurrierender Militärs;
- Vorkommen vor allem in **unterentwickelten Staaten** Lateinamerikas und Afrikas.

Typologie
Natürlich unterscheidet sich jede einzelne Militärdiktatur von allen anderen. Dennoch kann man die verschiedenen Erscheinungsformen nach zwei grob definierten Typologien einteilen. Zum einen gibt es die **traditionellen Militärdiktaturen**, in denen die Macht in einem Diktator personalisiert ist und in der das Militär nur eine indirekte Rolle in der Regierung spielt (z. B. bis 2011 Libyen unter Oberst Gaddafi). Zum anderen gibt es die **neuen Militärregime (Junta)**, in denen das Militär als Institution die Macht ergreift und kontrolliert. Beispiele für diese Form von Militärdiktatur sind Argentinien von 1976–1983 und Chile von 1973–1990.

Außerdem unterscheidet man zwischen ausschließenden und einschließenden Militärdiktaturen. In **ausschließenden Militärdiktaturen** kontrolliert die Regierung den Staat in Allianz mit den oberen Schichten der Bevölkerung und der gleichzeitigen Ausschaltung der mittleren und unteren Schichten. Eine orthodox-liberale Wirtschaftspolitik forciert die kapitalistische Entwicklung des Landes mit großer Unterstützung durch ausländisches Kapital (Beispiel: Chile, 1973–1990).

Einschließende Militärregime hingegen versuchen, die unteren Bevölkerungsschichten für reform-orientierte Programme zu mobilisieren. Dies war z. B. in Venezuela ab dem Jahr 2000 unter Hugo Chavez zu beobachten, der allerdings durch Wahlen ins Amt des Staatspräsidenten kam, nachdem er bereits früher als Putschist gescheitert war. Diese Form der Militärdiktatur ist jedoch die Ausnahme.

Militärdiktaturen werden oft durch einen Gegenputsch konkurrierender Generäle beendet, was meist nur einen Austausch der Personen, aber eine Kontinuität der Strukturen bedeutet. Die Diktaturen können jedoch auch durch demokratisch legitimierte Systeme abgelöst werden, indem die Militärs ihre Macht freiwillig an gewählte Politiker abtreten. In diesem Fall stellt sich, wie etwa bei den Beispielen Chile oder Argentinien, immer die Frage, wie mit dem während der Diktatur begangenen Unrecht umgegangen werden soll und auch kann.

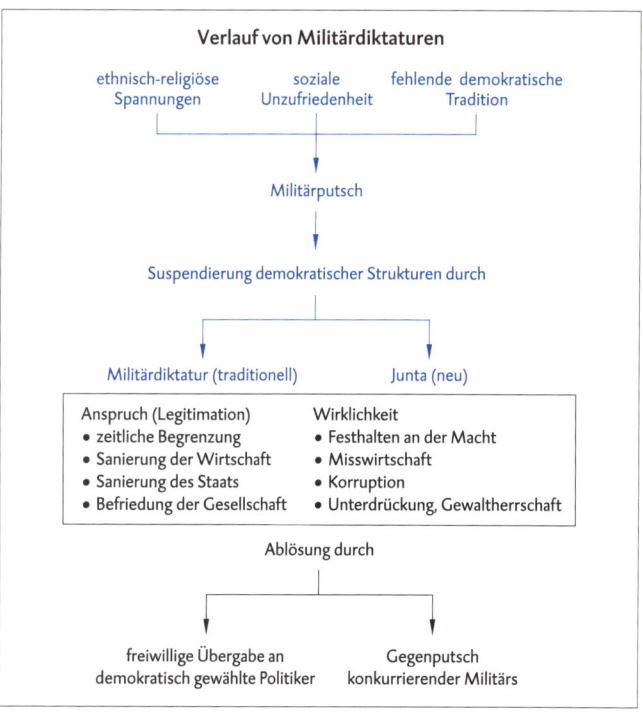

3   Merkmale demokratischer Systeme

Um bei einem Staatswesen von einer Demokratie sprechen zu können, müssen eine Reihe von Merkmalen erfüllt sein, die in den nächsten Kapiteln z. T. noch näher erklärt werden. Es handelt sich dabei um folgende Aspekte:

- Volkssouveränität;
- Rechtsstaatsprinzip;
- Pluralismus;
- Gewaltenteilung (horizontal) zwischen exekutiver, legislativer und judikativer Gewalt;
- Konstitutionalismus (Verfassung als verbindlicher Rahmen, der die Regeln des politischen Prozesses für alle festlegt);
- Achtung der Menschenrechte als Basis der politischen Ordnung.

3.1   Volkssouveränität

Definition
Volkssouveränität bedeutet, dass die staatliche **Gewalt vom Volk** ausgeht, also durch die **Mehrheit des Volkes legitimiert** ist. Diese Legitimation politischer Entscheidungen kann entweder direkt durch Abstimmungen erfolgen **(direkte Demokratie)** oder durch Volkswahl der staatlichen Entscheidungsträger **(repräsentative Demokratie)**.

Historische Entwicklung des Begriffs
Der Gedanke der Volkssouveränität beruht auf der Vorstellung, dass jedes einzelne Individuum frei über sich selbst und seine Zukunft bestimmen kann. Dieses **individuelle Selbstbestimmungsrecht** erstreckt sich auch auf das staatliche Zusammenleben.

Der englische Philosoph **Thomas Hobbes** (1588–1679) entwickelte den Gedanken, dass sich die einzelnen Menschen, um sich voreinander und vor äußeren Feinden zu schützen, zu staatlichen Gemeinschaften zusammenfügen. Mit der Gründung dieser staatlichen Gemeinschaft übertragen sie in einem **Herrschaftsvertrag** ihre individuellen Souveränitätsrechte an den staatlichen Alleinherrscher. Dieser ist verpflichtet, die ihm übertragene Souveränität zum Wohle und Nutzen des Volkes zu gebrauchen.

Sein Landsmann **John Locke** (1632–1704) baute auf dieser Vertragsidee auf, sprach jedoch dem Volk ein **Widerstandsrecht** gegen eine ungerechte Herrschaft zu. Anders als bei Hobbes kann das Volk also die übertragene Souveränität von dem Herrscher zurückverlangen und einem anderen Vertreter neu übertragen.

Weder für Hobbes noch für Locke besteht dabei ein zwingender Zusammenhang zwischen dem Gedanken der Volkssouveränität und einer demokratischen Verfassung. Vielmehr sind für Locke **verschiedene Regierungsformen** denkbar. Das Volk hat die Freiheit, sich für diejenige zu entscheiden, von der sie sich die bestmögliche Verwirklichung der Interessen verspricht.

Wesentlich weiter gehen die Ideen des französischen Denkers **Jean-Jacques Rousseau** (1712–1778). Nach seiner Ansicht kann das Prinzip der Volkssouveränität nur dann gelingen, wenn es in relativ kleinen und überschaubar organisierten Demokratien so verwirklicht wird, dass sich das Volk in regelmäßigen Versammlungen seine Gesetze selbst gibt. Für ihn bedeutet echte Volkssouveränität also eine **direkte Demokratie**. Auch die Idee der Räterepublik geht auf die Vorstellungen von Rousseau zurück.

Der Engländer **Edmund Burke** (1729–1797) zweifelte an der Befähigung des Volkes, in einer direkten Demokratie – wie bei Rousseau – über sich selbst bestimmen zu können. Diesen Bedenken trägt die **repräsentative Demokratie** Rechnung, in der die demokratisch gewählten Entscheidungsträger den Willen des Volkes repräsentieren sollen.

Merkmale der Volkssouveränität in repräsentativen Demokratien

Damit eine repräsentative Demokratie den Ansprüchen der Volkssouveränität genügt, muss sie eine Reihe von Merkmalen erfüllen:

- Politische Macht wird durch **regelmäßig stattfindende Wahlen** auf Zeit übertragen;
- bei diesen Wahlen herrscht **Konkurrenz** unterschiedlicher Bewerber, die Gelegenheit haben, sich und ihre Positionen öffentlich darzustellen. Dies erfordert die Garantie der Meinungs-, Demonstrations-, Versammlungs- und Vereinigungsfreiheit;
- Entscheidungen werden durch **demokratische Mehrheiten** im Parlament legitimiert;
- demokratisch legitimierte Repräsentanten des Volkswillens unterliegen einer **ständigen öffentlichen Kontrolle**.

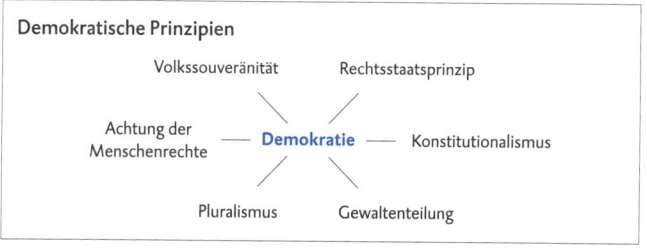

Demokratische Prinzipien

Volkssouveränität   Rechtsstaatsprinzip

Achtung der Menschenrechte — **Demokratie** — Konstitutionalismus

Pluralismus   Gewaltenteilung

3.2   Das Rechtsstaatsprinzip

Merkmale des Rechtsstaats

Der Rechtsstaat weist folgende Elemente auf:

- Rechtsgleichheit (Gleichheit vor dem Gesetz);
- Rechtssicherheit (der Bürger muss sich auf die Einhaltung der Gesetze verlassen können);
- Gewaltenteilung (neben die traditionelle Teilung der Gewalten Exekutive, Legislative und Judikative tritt die richterliche Unabhängigkeit);
- Vorrang der Verfassung vor anderen geschriebenen Gesetzen, Satzungen und Rechtsverordnungen;
- Bindung jeglicher staatlicher Gewalt an das Gesetz und die Verfassung;
- Garantie von Grundrechten;
- Kalkulierbarkeit rechtlicher Folgen von Handlungen;
- Garantie eines Rechtswegs zur Durchsetzung rechtlicher Ansprüche (Widerspruch, Klage, Revision).

Die Bindung des Staates an Recht und Gesetz

In einem Rechtsstaat ist die Legislative an die in der Verfassung niedergelegten Grundrechte und an die Einhaltung der verfassungsmäßigen Ordnung gebunden. Desgleichen sind die Verwaltung und die Rechtsprechung verpflichtet, sich nach den in der Verfassung festgelegten Grundrechten zu richten und sich an die verfassungsgemäß zustande gekommenen Gesetze und Verordnungen zu halten. Dem **Bürger steht der Rechtsweg offen**, diese Bindung einzufordern.

Garantien für Bürger im Bereich der Recht sprechenden Gewalt

Um den Bürger vor staatlicher Willkür zu schützen, genießt er in Rechtsstaaten eine Reihe von Garantien:

- Anspruch auf rechtliches Gehör;
- Ausschluss der Mehrfachbestrafung für die gleiche Tat;
- Verbot von Ausnahmegerichten, die zur Beurteilung eines Sachverhalts extra gebildet werden;
- Gebot des gesetzlichen Richters, der für den Gegenstand ordnungsgemäß zuständig ist;
- Freiheitsentziehung unter Gesetzesvorbehalt nur aufgrund eines richterlichen Beschlusses;
- Benachrichtigung der Angehörigen über Freiheitsentziehung;
- Rechtsweggarantie;
- Grundsatz, dass Handlungen nur bestraft werden dürfen, wenn sie gegen bereits bestehende gesetzliche Vorschriften verstoßen.

Formales und materiales Rechtsstaatsprinzip

Das formale Rechtsstaatsprinzip basiert auf der **Einhaltung der schriftlich festgelegten Gesetze**, wobei diesen keinerlei Menschenrechte oder Ähnliches zugrunde liegen müssen. Das materiale Rechtsstaatsprinzip ist eine Ergänzung zum formalen Rechtsstaatsprinzip. Es bezieht die Idee einer **übergeordneten Gerechtigkeit** mit ein und legt die Bindung allen staatlichen Handelns an die **Grundrechte** fest.

Dem entspricht die Unterscheidung zwischen dem **positiven Recht**, das durch die Menschen gesetzt wird und lediglich rein formalen Ansprüchen genügen muss, und dem **Naturrecht**, das die Grundlage für das materiale Rechtsstaatsprinzip bildet.

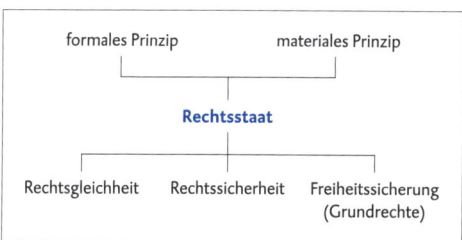

Elemente des Rechtsstaatsprinzips

Grenzen und Probleme des Rechtsstaats

In der Praxis treten auch immer wieder Grenzen und Probleme des Rechtsstaatsprinzips zutage:

- Die reine Rechtsgleichheit gewährt noch keinerlei soziale Gleichheit und verhindert nicht krasse Gegensätze zwischen den Bevölkerungsschichten. Deshalb wird in den meisten modernen Demokratien das Rechtsstaatsprinzip durch das **Sozialstaatsprinzip** ergänzt.
- Das Rechtsstaatsprinzip führt zu einer immer stärkeren **Verrechtlichung** des privaten, öffentlichen und wirtschaftlichen Lebens. Um Rechtssicherheit zu gewährleisten, werden immer mehr und immer detailliertere Rechtsvorschriften erlassen und vor Gerichten geltend gemacht. Dies führt zu einer Unübersichtlichkeit und mangelnder Flexibilität des gesellschaftlichen Lebens.
- Komplexere Vorhaben werden oft jahrelang durch Rechtsstreitigkeiten in sämtlichen Instanzen **blockiert**. Politische Reaktionen auf aktuelle Entwicklungen werden dadurch noch schwerfälliger und wichtige Maßnahmen können häufig nur mit großen Mühen und Zugeständnissen durchgesetzt werden.

3.3   Pluralismus

Merkmale

Unter Pluralismus versteht man die legitime **Konkurrenz** einer Vielzahl frei gebildeter **Interessengruppen** in nahezu allen gesellschaftlichen Lebensbereichen, um den politischen Einfluss in einem Staat. Zu den Kennzeichen des Pluralismus gehören, dass er

- kein einheitliches, für alle verbindliches Weltbild oder gesellschaftliches Entwicklungsziel vorschreibt, sondern die **Vielfalt der Auffassungen** und Interessen als legitim betrachtet;
- das Gemeinwohl nicht als eine feststehende, rational ermittelbare Größe (Gemeinwohl a priori) begreift, sondern als Ergebnis des Ringens der pluralen Kräfte **(Gemeinwohl a posteriori)**;
- die Gesellschaft als **Spannungsfeld legitimer Konflikte** betrachtet, an deren Ende ein Konsens stehen soll.

Identitäts- und Konkurrenztheorien der Demokratie

Der Pluralismus entspricht der **Konkurrenztheorie** der Demokratie, die von der Existenzberechtigung unterschiedlicher Interessen ausgeht, die untereinander in Konkurrenz treten.

Das Gegenstück hierzu ist das **Identitätsmodell** der Demokratie, das auf den französischen Philosophen Jean-Jacques Rousseau zurückgeht. Seiner Meinung nach existiert ein **einheitlicher Volkswille** mit einem **vorgegebenen Gemeinwohl**. Demokratie bedeutet bei Rousseau also Identität von Regierenden und Regierten. Die politische Führung setzt den einmal als richtig erkannten freien Willen (*volonté générale*) in die Tat um. Abweichungen und oppositionelle Strömungen werden in der identitären Demokratie nicht zugelassen, da sie gegen das Gemeinwohl verstoßen.

Die **kommunistischen Systeme** basieren auf dieser Identitätstheorie. Hier ist das Gemeinwohl aus der marxistischen Ideologie ableitbar. Wie dieses Gemeinwohl im Konkreten aussieht, wird durch die Kommunistische Partei bzw. deren Führung definiert.

Konsequenzen aus der Konkurrenztheorie

Die Anerkennung eines legitimen Wettbewerbs unterschiedlicher Interessen hat eine Reihe von Konsequenzen für die Gestaltung des politischen Prozesses in einem Staat:

- Garantie der Meinungs- und Pressefreiheit;
- Garantie der Versammlungs- und Vereinigungsfreiheit;
- Legitimation politischer Macht durch demokratische Wahlen;
- Schutz der Minderheitenmeinung.

	Konkurrenztheorie	Identitätstheorie
Gesellschaft	heterogen strukturiert, pluralistisch organisiert	homogen strukturiert, monistisch organisiert
Volkswille	Konkurrenz gegensätzlicher Interessen	homogener, einheitlicher Volkswille
Organe des Staates	Treuhänder des Volkes	führen Volkswillen aus
Willensbildung	repräsentativ	plebiszitär
Gruppeninteressen	legitim	illegitim (Abwehr von Teilinteressen)
Gemeinwohl	stellt sich a posteriori ein (Interessenausgleich)	kann a priori erkannt werden
Konsens	begrenzt auf Grundkonsens (Spielregeln)	allumfassend
Beispiele	moderne Industriegesellschaften, repräsentativ-parlamentarische Demokratie mit Parteien, Verbänden (z. B. GB, USA, BRD)	klassenlose Gesellschaft, Diktatur des Proletariats, demokratischer Zentralismus, Erziehungsdiktatur (sozialistischer Staat, Rätesystem, Kleinstgemeinde), Faschismus
Vertreter	Fraenkel, Sontheimer, Dahl	Rousseau (aufbauend: Marx, Lenin, Schmitt)

Kritik am Idealmodell des Pluralismus

Im Idealfall ringen in einem pluralistischen System alle Interessen innerhalb der Gesellschaft gleichberechtigt miteinander, doch trifft dieses Idealmodell in der Wirklichkeit nicht zu. Folgende Einwände lassen sich anführen:

- **Nicht alle Interessen sind verbandsmäßig organisiert**, insbesondere nicht die allgemeinen Interessen, wie die an guter Umwelt, an preiswertem Konsum oder am günstigen Steuerzahlen.
- Es besteht **kein Machtgleichgewicht und keine Chancengleichheit** zwischen den verschiedenen Gruppen, insbesondere nicht zwischen den Organisationen von Kapital und Arbeit.
- Nicht alle Interessen sind gleich **konfliktfähig**. So verfügen Arbeitslose oder Ausländer nur über geringe Druckmittel.
- Das System ist nicht offen für sich **neu artikulierende Interessen**, weil die etablierten Interessen sich bereits verfestigt haben.

4   Formen demokratischer Partizipation

Es gibt zwei Grundmodelle der Demokratie: Die direkte **(plebiszitäre)** Demokratie, in der die stimmberechtigten Bürger selbst die politischen Beschlüsse fassen, und die indirekte **(repräsentative)** Demokratie, in der die stimmberechtigten Bürger Abgeordnete (Repräsentanten) wählen, die mit ihrer Zustimmung und in ihrem Auftrag politische Entscheidungen treffen.

4.1   Plebiszitäre Demokratie

Die Begründung plebiszitärer Demokratie als Ausdruck der direkten Ausübung von Volkssouveränität geht auf **Jean-Jacques Rousseau** zurück. In Reinform existiert heute keine plebiszitäre Demokratie auf der Erde, da

- die Entscheidungen, die in modernen Staaten zu treffen sind, **zu zahlreich und zu komplex** sind;
- den Bürgern für die Entscheidung von Detailfragen oft die nötige **Sachkompetenz** fehlt;
- in modernen Staaten für die **Organisation** direkter Demokratie sowohl die Fläche als auch die Bevölkerung zu groß sind;
- **Kompromisse** in der direkten Demokratie nur sehr schwierig gefunden werden können.

Elemente direkter Demokratie
Auch wenn es keinen Staat gibt, der eine direkte Demokratie in Reinform darstellt, finden sich in unterschiedlicher Gewichtung in zahlreichen repräsentativen Demokratien **Elemente** direkter Demokratie:

- **Direktwahl des Staats- oder Regierungschefs:** Diese erhöht die Legitimation der Amtsinhaber und entzieht das Amt teilweise dem Einfluss der Parteien und der politischen Klasse.
- **Referendum:** In einem Referendum entscheidet die Bevölkerung über eine von Staatsorganen vorgelegte Frage mit Zustimmung oder Ablehnung. Ein Referendum bezieht sich nur auf Fragen von besonderer Tragweite (z. B. EU-Beitritt/-Austritt, Einführung des Euro).
- **Volksinitiative:** Durch Volksinitiativen können Gesetze oder gar Verfassungsänderungen aus der Mitte der Bevölkerung veranlasst und über verschiedene Hürden bis zum Referendum gebracht werden.

In der Bundesrepublik Deutschland tauchen nur auf Landes- und Kommunalebene Elemente der direkten Demokratie auf. So gibt es z. B. in Bayern in manchen Gemeinden das Bürgerbegehren und den Bürgerentscheid, auf Landesebene das Volksbegehren und den Volksentscheid.

Das **Grundgesetz** der Bundesrepublik Deutschland sieht weder eine Direktwahl noch Referenden oder Volksinitiativen auf der Bundesebene vor. Dies liegt an den schlechten Erfahrungen, die mit den plebiszitären Elementen in der **Weimarer Republik** gemacht wurden. So nutzten die Nationalsozialisten 1929 das Instrument des Volksbegehrens für eine Kampagne gegen den Dawes-Plan (Reparationszahlungen) zur Verbreitung und Popularisierung antidemokratischer Ressentiments. Auch die Direktwahl und die starke Stellung des Reichspräsidenten schwächte die Stellung der Demokratie zu dieser Zeit. Initiativen zur Stärkung der plebiszitären Elemente in der Bundesrepublik sind bereits mehrmals an der für Grundgesetzänderungen notwendigen 2/3-Mehrheit gescheitert.

Rätedemokratie
Eine Form der direkten Demokratie, die von Sozialisten und Kommunisten (Lenin, Liebknecht) favorisiert wurde, ist die Rätedemokratie. Dabei wählen **Basiszellen**, die Wohn-, Verwaltungs- oder Betriebseinheiten sind, in Vollversammlungen ihre Vertreter (Räte) auf lokaler Ebene, die wiederum die Ratsmitglieder der nächsthöheren Ebene bestimmen. An der Spitze des Staates steht der Zentralrat, der an die Weisungen der Basis über anstehende Entscheidungen gebunden und jederzeit abberufbar ist **(imperatives Mandat)**. Eine Gewaltenteilung fehlt in einer Rätedemokratie.

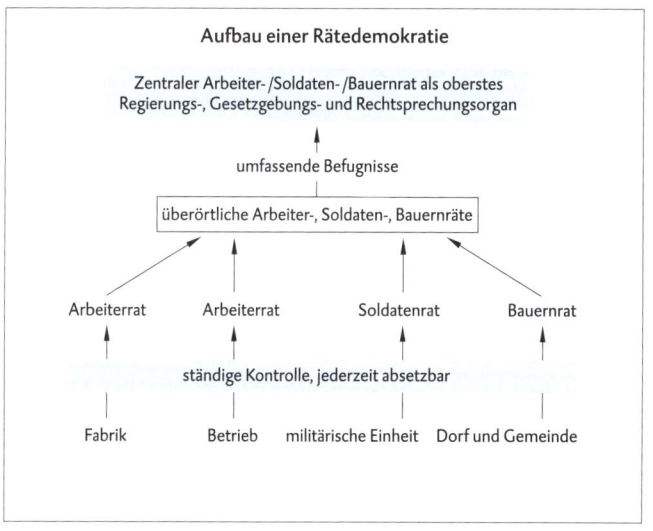

Aufbau einer Rätedemokratie

Zentraler Arbeiter-/Soldaten-/Bauernrat als oberstes Regierungs-, Gesetzgebungs- und Rechtsprechungsorgan

↑ umfassende Befugnisse

überörtliche Arbeiter-, Soldaten-, Bauernräte

Arbeiterrat   Arbeiterrat   Soldatenrat   Bauernrat

ständige Kontrolle, jederzeit absetzbar

Fabrik   Betrieb   militärische Einheit   Dorf und Gemeinde

4.2   Repräsentative Demokratie

In der repräsentativen (mittelbaren) Demokratie **übertragen die Bürger ihre Souveränität durch regelmäßig stattfindende Wahlen** an Institutionen, die sie politisch vertreten. Die gewählte Volksvertretung, in der Regel das Parlament, ist während der Legislaturperiode (Zeitraum, für den sie gewählt ist) berechtigt, selbstständig und unabhängig von den Wählern politische Entscheidungen zu treffen. Die einzelnen Volksvertreter können während dieses Zeitraums nicht abgewählt werden **(freies Mandat)**.

Wahlen als Basis der Repräsentation
Da die Bürger in repräsentativen Systemen ihre Souveränität mittels ihrer Wahl abgeben, müssen die Vorschriften für diese Wahlen hohen demokratischen Anforderungen entsprechen.
- **Freiheit der Wahlbewerbung:** Die Kandidatenaufstellung erfolgt nach den gleichen Maßstäben wie die Wahl selbst.
- **Kandidatenkonkurrenz:** Mit der Wahl zwischen Personen verbindet sich die Wahl zwischen konkurrierenden politischen Programmen.
- **Chancengleichheit:** Sie muss vor allem gesichert sein bei der Kandidatur, im Wahlkampf sowie im Wahlrecht.
- **Wahlrecht:** Das Wahlrecht muss den Grundsätzen einer allgemeinen (jeder Staatsbürger kann teilnehmen), unmittelbaren (direkte Stimmabgabe für Kandidaten), gleichen (kein Unterschied im Zählwert der Stimme), freien und geheimen Wahl entsprechen.
- **Entscheidung auf Zeit:** Die Übertragung der Souveränität durch die Wahl ist begrenzt auf einen bestimmten Zeitraum und muss in regelmäßigen Abständen erneuert werden.

Die Funktionen demokratischer Wahlen
Demokratische Wahlen erfüllen vor allem drei wichtige Funktionen:
- Die **Legitimierung** des politischen Systems bzw. der Regierung;
- die **Repräsentation** sozialer Gruppen und sozialer Einstellungen, d. h., mithilfe der Wahlen kann die Gesellschaft den Staat beeinflussen;
- **Integration** der Bevölkerung, d. h., erst die Konzentration auf gewählte Vertreter macht den Volkswillen handlungsfähig.

Bedeutung des Repräsentativorgans im politischen Prozess
Das aus den Wahlen hervorgegangene Repräsentativorgan (in der Regel das Parlament) besitzt das **Recht der Gesetzgebung, der Etat-Bewilligung** (Haushaltsrecht) und **der Kontrolle der Regierung**. Außerdem erfüllt es

die Aufgabe, die Meinungs- und Willensbildung zu fördern und der Opposition die Möglichkeit für freie Betätigung einzuräumen.

Die Erfüllung dieser Aufgaben setzt die Achtung der Parteien untereinander, den Willen zum Kompromiss, das **Bekenntnis zum Mehrheitsprinzip** und die Achtung der Minderheit voraus.

Einschränkung des Volkswillens durch Repräsentation

Die Übertragung der Volkssouveränität an Repräsentativorgane durch die Wahlen bedeutet, dass von den Organen des politischen Prozesses Entscheidungen in eigener Verantwortung getroffen werden, die sich nicht immer mit dem Volkswillen decken. Der **Einfluss von Parteien, Verbänden und Interessenvertretern** auf Parlament und Regierung sowie die Vorentscheidungen in Ausschüssen und Fraktionen führen zu weiteren Brüchen zwischen dem Ideal der Repräsentation des Volkswillens durch die gewählten Vertreter und der Realität.

Für diese **Mängel des Repräsentativsystems** gibt es zwei Entschuldigungen: Zum einen kann bezweifelt werden, ob es so etwas wie einen einheitlichen Volkswillen überhaupt gibt, der durch die Vertreter repräsentiert werden soll. Zum anderen bestehen die theoretischen Begründer des Repräsentativsystems darauf, dass Staatsgeschäfte Angelegenheiten von Vernunft und Urteil seien, die sich einer direkten Entscheidung durch das Volk meist entziehen.

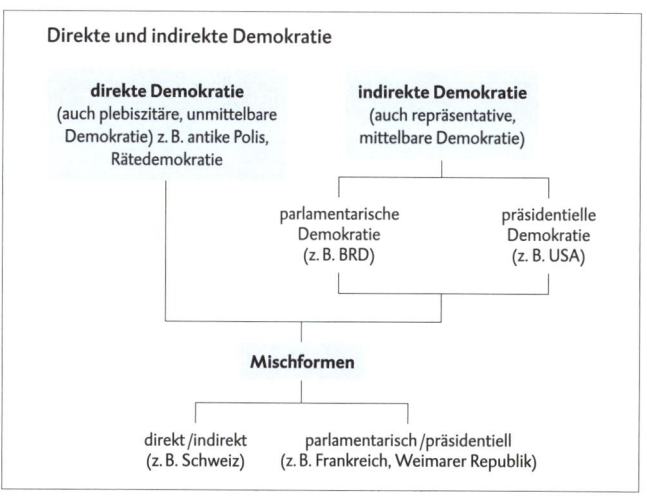

4.3   Wahlsysteme und ihre Konsequenzen

Verhältniswahlrecht

Beim Verhältniswahlrecht entscheidet sich der Wähler für eine **Kandidatenliste**, die in der Regel durch eine Partei aufgestellt wurde. Jede Liste ist dann proportional zu den in den Wahlen erreichten Stimmen im Parlament vertreten, die Mandatszuteilung richtet sich also nach dem **Verhältnis der Stimmenanteile**. Ziel des Wahlsystems ist die gerechte Vertretung der Bevölkerungsinteressen.

Die den Wählern vorliegende Kandidatenliste kann starr sein, was bedeutet, dass die Reihenfolge der Kandidaten bereits durch die Partei festgelegt wurde und der Wähler keinen Einfluss auf die personelle Zusammensetzung des Parlaments hat, sondern nur auf die prozentuale Verteilung der Parteisitze. Es gibt jedoch auch Verfahren, die Starrheit von Listen zu überwinden. Diese ermöglichen es den Wählern, innerhalb einer vorgegebenen Liste die Reihenfolge der Kandidaten zu verändern (z. B. bei den bayerischen Landtagswahlen) oder sich sogar aus Listen verschiedener Parteien Kandidaten zusammenzusuchen (z. B. bei den Kommunalwahlen in Bayern).

Das Verhältniswahlrecht weist folgende **Vorzüge** auf:
- Repräsentation möglichst aller Meinungen und Interessen im Parlament im Verhältnis ihrer Stärke innerhalb der Wählerschaft;
- Verhinderung künstlicher politischer Mehrheiten, denen keine wirkliche Mehrheit in der Wählerschaft entspricht;
- Förderung der Kompromissfindung zwischen den verschiedenen gesellschaftlichen Gruppen;
- Verhinderung extremer politischer Umschwünge ohne grundlegende Veränderung der politischen Einstellung der Wählerschaft;
- stärkere Berücksichtigung des gesellschaftlichen Wandels und neu entstehender politischer Strömungen;
- erschwerte Bildung eines Kartells bereits etablierter Parteien.

Das Verhältniswahlrecht weist jedoch u. a. auch folgende **Nachteile** auf:
- Unpersönliche Listenwahl;
- Trend zum Vielparteiensystem;
- instabilere Koalitionsregierungen.

Ein reines Verhältniswahlrecht birgt also die **Gefahr der Parteienzersplitterung** in sich, was instabile politische Verhältnisse zur Folge haben kann. Allerdings kann dieser Gefahr durch eine **Sperrklausel** entgegengewirkt werden, die festlegt, dass die Kandidatenlisten der Parteien eine bestimmte Mindestanzahl von Stimmen erreichen müssen, um Mandate zu erhalten (Beispiel: Fünf-Prozent-Hürde in der Bundesrepublik Deutschland).

Mehrheitswahlrecht

Bei Wahlen nach dem Mehrheitswahlrecht wird das jeweilige Staatsgebiet in eine bestimmte Anzahl von **Wahlkreisen** eingeteilt; je Wahlkreis wird ein Abgeordneter für das Parlament gewählt. Dabei genügt im **relativen Mehrheitswahlrecht** die relative Mehrheit der Stimmen, sodass nur ein Wahlgang benötigt wird. Beim **absoluten Mehrheitswahlrecht** braucht ein Kandidat mindestens 50 Prozent der abgegebenen Stimmen, um gewählt zu sein – bei dieser Form des Mehrheitswahlrechts ist häufig ein zweiter Wahlgang notwendig. Die Kandidaten in den Wahlkreisen können einer Partei angehören, müssen es aber nicht, denn gewählt werden nicht Parteien, sondern **Personen**. Als Prinzip der Mandatszuteilung gilt „dem Sieger alles". Die Stimmen, die auf die nicht gewählten Kandidaten verteilt sind, bleiben bei der Zusammensetzung des Parlaments unberücksichtigt (sogenannte Papierkorbstimmen).

Ziel dieses Wahlsystems ist die Mehrheitsbildung einer Partei im Parlament. Ein bekanntes Beispiel für das relative Mehrheitswahlrecht ist das Wahlsystem in Großbritannien und ein Beispiel für die Verwirklichung des absoluten Mehrheitswahlrechts das Wahlsystem Frankreichs.

Das Mehrheitswahlrecht weist folgende **Vorzüge** auf:
- Verhinderung einer Parteienzersplitterung, da kleine Parteien geringe Chancen haben;
- Parteienkonzentration in Richtung Zwei-Parteien-System;
- Förderung stabiler Regierungen;
- Ausrichtung der Parteien an der politischen Mitte, da Minderheitenmeinungen chancenlos bleiben;
- Erleichterung des Regierungswechsels, da relativ geringe Veränderungen in den Stimmenzahlen oft große Veränderungen der Mandate auslösen können;
- Regierungsbildung nach Wählerentscheidung statt nach Koalitionsdiplomatie;
- relativ enge Bindung des Abgeordneten an die Wähler im Wahlkreis durch die Persönlichkeitswahl.

Das Mehrheitswahlrecht weist jedoch u. a. auch folgende **Nachteile** auf:
- „Papierkorbstimmen";
- Missverhältnis zwischen Stimme und Mandat;
- Benachteiligung kleiner Parteien.

Mischwahlsysteme kombinieren Elemente des Mehrheits- mit Aspekten des Verhältniswahlsystems. So wird der deutsche Bundestag z. B. nach dem Prinzip der personalisierten Verhältniswahl gewählt (Sainte-Laguë-Verfahren, siehe S. 46 f.).

5   Parlamentarisches und präsidentielles Regierungssystem

Die repräsentativen Demokratien lassen sich auf zwei Grundtypen demokratischer Regierungssysteme zurückführen: Das präsidentielle und das parlamentarische Regierungssystem. Beides sind **Idealtypen**, die in Reinform nicht vorkommen, sondern in der Realität unterschiedliche Ausprägungen erfahren. Außerdem gibt es zahlreiche Mischformen, wie z. B. in Frankreich.

5.1   Die beiden Regierungssysteme an den Beispielen der USA und Großbritanniens

Repräsentation der Volkssouveränität durch den Präsidenten der USA

Das bedeutendste Beispiel für ein präsidentielles Regierungssystem stellen die USA dar. Folgende Merkmale zeichnen das amerikanische System aus:

- Der Präsident geht aus **Volkswahlen** hervor, was ihm eine starke Stellung gegenüber den anderen Staatsorganen verleiht.
- In der Person des Präsidenten vereint sich die gesamte Führung der Exekutive; er ist zugleich **Staatsoberhaupt** und **Regierungschef**.
- **Präsident und Parlament werden in getrennten Wahlen** bestimmt. Es ist also möglich, dass ein Präsident gegen eine Mehrheit der gegnerischen Partei im Parlament regieren muss; er kann sich dabei auf die plebiszitäre Legitimation stützen.

Repräsentation der Volkssouveränität durch das Parlament in Großbritannien

Das parlamentarische Regierungssystem hat sich historisch zuerst und auch in seiner reinsten Form in Großbritannien entwickelt. Es ist durch folgende Merkmale gekennzeichnet:

- Parlamentarismus im strengen Sinn bedeutet, dass einzig das Parlament die Volkssouveränität repräsentiert, da es als **einziges Staatsorgan direkt durch Volkswahl legitimiert** ist.
- Alle weiteren Staatsorgane gehen entweder aus dem Unterhaus hervor oder sind als historisches Erbe unabhängig vom Volkswillen. Dies sind in erster Linie der Monarch, aber auch die Zweite Kammer des Parlaments, das Oberhaus, das überwiegend aus adeligen Würdenträgern besteht. Beide Institutionen sind jedoch im Wesentlichen auf formale und repräsentative Aufgaben beschränkt.

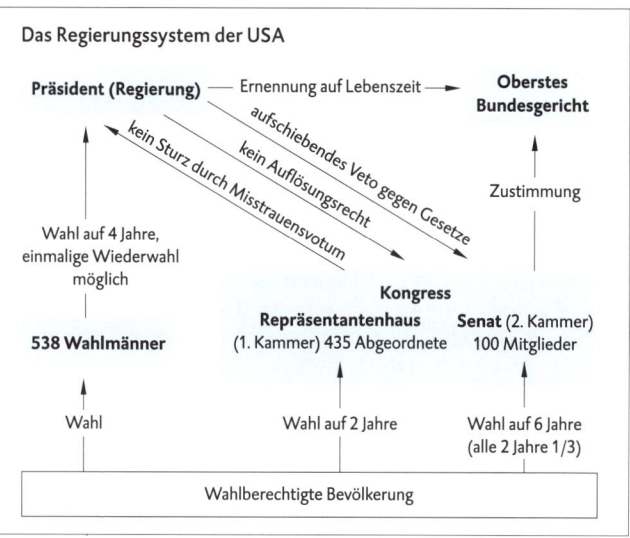

Das Regierungssystem der USA

Präsident (Regierung) — Ernennung auf Lebenszeit → **Oberstes Bundesgericht**

aufschiebendes Veto gegen Gesetze
kein Auflösungsrecht
kein Sturz durch Misstrauensvotum

Zustimmung

Wahl auf 4 Jahre, einmalige Wiederwahl möglich

538 Wahlmänner

Kongress
Repräsentantenhaus (1. Kammer) 435 Abgeordnete
Senat (2. Kammer) 100 Mitglieder

Wahl

Wahl auf 2 Jahre

Wahl auf 6 Jahre (alle 2 Jahre 1/3)

Wahlberechtigte Bevölkerung

Das Regierungssystem Großbritanniens

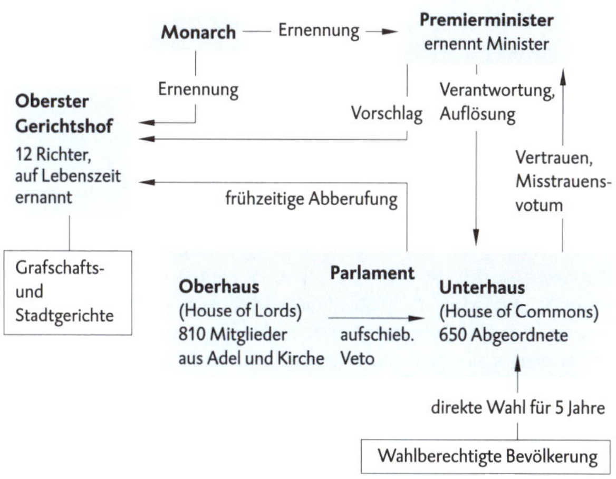

Monarch — Ernennung → **Premierminister** ernennt Minister

Oberster Gerichtshof
12 Richter, auf Lebenszeit ernannt

Ernennung

Vorschlag

Verantwortung, Auflösung

Vertrauen, Misstrauensvotum

frühzeitige Abberufung

Grafschafts- und Stadtgerichte

Oberhaus
(House of Lords) 810 Mitglieder aus Adel und Kirche

Parlament

aufschieb. Veto

Unterhaus
(House of Commons) 650 Abgeordnete

direkte Wahl für 5 Jahre

Wahlberechtigte Bevölkerung

5.2 Vergleich der beiden Regierungssysteme

Bedeutung von Parteien

Der Einfluss von Parteien ist im präsidentiellen System relativ gering. Sie treten hier vor allem als Wahlvereinigungen auf, die sich in den Monaten vor einer Wahl durch interne Abstimmungen auf einen Kandidaten einigen und diesen dann mit allen Kräften unterstützen. Da die Parlamentsmehrheit keine Regierung stützen muss, ist auch die Fraktionsdisziplin wesentlich geringer ausgeprägt als im parlamentarischen Regierungssystem.

Im parlamentarischen Regierungssystem ist die Bedeutung von Parteien relativ hoch, häufig führt der Regierungschef auch die Mehrheitspartei. Bei Koalitionsregierungen sind die Führer der Koalitionsparteien meist in der Regierung vertreten. Entsprechend hat die Regierungspolitik Auswirkungen auf die Regierungsparteien.

Verhältnis der Gewalten Exekutive und Legislative zueinander

Im präsidentiellen System ist der Einfluss des Präsidenten auf das Parlament relativ gering, er hat keine Möglichkeit zur Auflösung des Parlaments und kein Recht zur Gesetzesinitiative. Allerdings kann er durch ein suspensives Vetorecht Einspruch gegen verabschiedete Gesetze erheben. Dieser Einspruch kann aber mit qualifizierter Mehrheit übergangen werden. In der politischen Realität hat der Präsident jedoch Einfluss auf Kongressabgeordnete, die seine Initiativen dann als Gesetz im Parlament einbringen können. Dennoch ist es in einem präsidentiellen System durchaus kein seltener Ausnahmefall, dass Gesetzesinitiativen, die durch die Regierung angeregt wurden, scheitern. Genauso kommt es vor, dass, wie im Fall des Rüstungsbeschränkungsabkommens SALT II, die Legislative die Ratifizierung eines internationalen Abkommens verweigert, das von der Regierung bereits geschlossen wurde. Es besteht also eine wesentlich höhere Streuung der Macht zwischen Legislative und Exekutive, die bei allen wichtigen Entscheidungen erst eine gemeinsame Linie finden müssen.

Im parlamentarischen Regierungssystem hingegen geht die Exekutive aus der Legislative hervor, d. h., der Regierungschef wird durch das Parlament gewählt und kann durch das Parlament durch ein (in der Bundesrepublik Deutschland konstruktives) Misstrauensvotum wieder abgesetzt werden. Die Mehrheitspartei bzw. eine Koalition aus zwei oder mehreren Parteien stellt auch die Regierung. Dadurch ist eine Kontrolle der Regierung durch das Parlament nur bedingt gewährleistet. Die Mehrheitsfraktionen üben ihre Kontrollfunktion nur intern aus und sind in der Öffentlichkeit zur Parteinahme für die Regierung gezwungen. Die Regierung beschränkt sich nicht nur auf die Exekutive, sondern wirkt auch auf die

Gesetzgebung ein. In der Praxis geht die Mehrzahl der verabschiedeten Gesetze auf die Initiative der Regierung zurück. Im parlamentarischen System sind der Regierungschef und seine Minister in aller Regel selbst Mitglieder des Parlaments und als solche auch weiterhin stimmberechtigt. Die Regierung wird vor allem durch diejenigen Parteien öffentlich kontrolliert, die im Parlament die **Opposition** bilden. Diese besitzt eigene Kontrollmöglichkeiten gegenüber der Regierung und der Parlamentsmehrheit aufgrund von **Minderheitsrechten**. Hierzu gehören z. B. parlamentarische Untersuchungsausschüsse oder das Recht auf Anfragen an die Regierung.

Die Gewaltenverschränkung führt auch zu einer **relativ starren Fraktionsdisziplin**, da von den Mehrheitsfraktionen die geschlossene Unterstützung der Regierung und von den Minderheitsfraktionen eine geschlossene Opposition erwartet wird. In Großbritannien geht die Verschränkung der Gewalten so weit, dass der Führer der Mehrheitsfraktion im Unterhaus offizielles Mitglied des Regierungskabinetts ist.

Durch die Verbindung zwischen der Regierung und der Parlamentsmehrheit steht den Mehrheitsfraktionen in der Regel der bürokratische Apparat der Exekutive zur Verfügung. So werden ihre Gesetzesvorlagen meist vorab mit der Ministerialbürokratie abgestimmt und können aus diesem Grund oft schnell und problemlos bearbeitet werden.

Verliert in diesem System der Regierungschef in einer bedeutenden Entscheidung die Unterstützung der Parlamentsmehrheit, führt dies in der Regel zu seinem **Sturz**. Umgekehrt bedeutet der mögliche Bruch der Regierung ein wirksames **Druckmittel**, um die Mehrheitsfraktionen in umstrittenen Abstimmungen zu disziplinieren und auf Regierungskurs zu bringen.

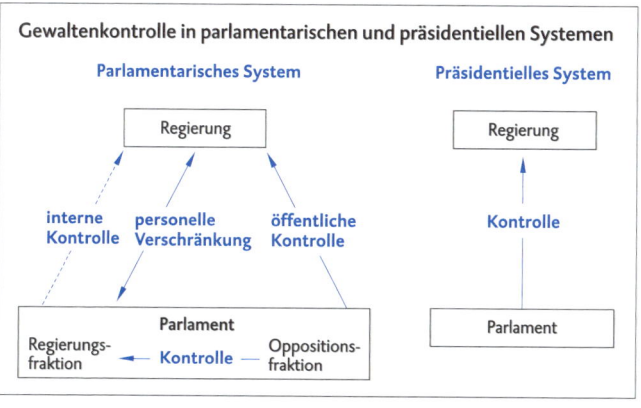

Gewaltenkontrolle in parlamentarischen und präsidentiellen Systemen

6   Föderalismus, Zentralismus und Regionalismus

Ein weiteres Unterscheidungskriterium für Staatssysteme ist ihr **organisatorischer Aufbau**. Durch die europäische Einigung tritt neben die beiden klassischen Typen Föderalismus und Zentralismus der Regionalismus.

6.1   Föderalismus

Ein föderal aufgebauter **Bundesstaat** kennzeichnet sich durch:
- Mehrere **Gliedstaaten** mit eigenen Institutionen und Kompetenzen
- und deren **Zusammenschluss** im Bundesstaat mit wiederum eigenen Institutionen und Kompetenzen;
- eine in einer Verfassung festgelegte Regelung über die **Kompetenzverteilung** zwischen dem Bund und den Gliedstaaten.

Typische Beispiele für föderalistische Bundesstaaten sind die **USA und die Bundesrepublik Deutschland**, deren föderalistischer Aufbau vor allem historisch bedingt ist. Bei Deutschland kommt zusätzlich eine demokratietheoretische Motivation hinzu. Als Antwort auf den nationalsozialistischen Einheitsstaat wurde bewusst ein föderalistisches System gewählt, da hier zur Trennung der staatlichen Gewalt in Exekutive, Legislative und Judikative (horizontale Gewaltenteilung) auch die Zerlegung und Teilung der staatlichen Gewalt in Bund, Länder und Gemeinden (**vertikale Gewaltenteilung**) tritt. **Vorteile** des Föderalismus sind u. a.:
- Mehr Partizipationsmöglichkeiten der Bürger am politischen Prozess;
- höhere Transparenz und Bürgernähe der Politik;
- größere politische und kulturelle Vielfalt;
- stärkere Innovation durch Konkurrenz der Gliedstaaten.

Allerdings wird am Föderalismus auch **Kritik** geübt:
- Verlangsamung von Entscheidungsprozessen;
- Bürokratisierung und Verteuerung des Staates.

6.2   Zentralismus

Zentralismus ist die Organisationsform von **Einheitsstaaten**, d. h., unterhalb der gesamtstaatlichen Ebene existiert **keine Gebietskörperschaft** mit einer eigenständigen Verwaltungs- oder Gesetzgebungskompetenz. Politische Entscheidungen, sowohl von lokaler als auch von überlokaler

Bedeutung, werden in einer politischen **Zentrale** getroffen und von untergeordneten Ebenen umgesetzt. Zentralismus und Demokratie schließen sich zwar nicht aus, die Bürger eines zentralistischen Staates besitzen aber **weniger Partizipationsmöglichkeiten**. Ein Beispiel für ein zentralistisch regiertes Land ist **Frankreich**, wo der Zentralismus, beginnend im Mittelalter und im Zeitalter des Absolutismus unter Ludwig XIV., unter Napoleon I. seine heutige Ausprägung erfuhr. **Vorteile des Zentralismus** sind:

- die Sicherung einer einheitlichen politischen und wirtschaftlichen sowie sozialen Entwicklung;
- die Sicherung der staatlichen Einheit gegen Autonomie- und Unabhängigkeitsbestrebungen einzelner Gebiete.

Dagegen wird auch **Kritik am Zentralismus** geübt:

- Machtkonzentration der Zentrale;
- Vernachlässigung und Bevormundung der Provinz;
- mangelnde Bürgernähe von Entscheidungen und
- geringere Aktivierung politischer Aktivität.

Aus diesen Gründen unternimmt Frankreich seit Beginn der 1980er-Jahre Schritte hin zu einer vorsichtigen Dezentralisierung.

6.3 Regionalismus

Als Antwort auf Zentralisierungs- und Bürokratisierungstendenzen sowie mangelnde Transparenz der europäischen Organe wurde zu Beginn der 1990er-Jahre die Forderung nach einer Möglichkeit der **Mitbestimmung in der EU unterhalb der Regierungen der Nationalstaaten** erhoben. Für diese dritte Ebene wurde der Begriff „Region" gewählt.

Eine politische Region soll **vier Kriterien** erfüllen:

- territoriale Einheit zwischen kommunaler Ebene und Zentralstaat;
- von der Zentralverwaltung unabhängige Entscheidungsträger;
- demokratische Legitimation der regionalen Entscheidungsträger;
- juristischer Status einer Gebietskörperschaft.

Dieser Definition entsprechend ist der Status der Regionen in den einzelnen Staaten der EU äußerst unterschiedlich. Im Vertrag von Maastricht wurde ein **Ausschuss der Regionen** installiert, der ein Gegengewicht zu den zentralistischen Organen der EU bilden soll. Ebenfalls eine Stärkung der Regionen bedeutet das im Maastrichter Vertrag verankerte Prinzip der **Subsidiarität:** Demnach müssen Entscheidungen stets auf der niedrigst möglichen Verwaltungsebene, d. h. in größtmöglicher Nähe zum Bürger getroffen werden. Ob der Regionalismus tatsächlich ein tragfähiges Strukturmerkmal für den Aufbau der Europäischen Union ist, wird erst die Zukunft zeigen.

7   Aspekte des politischen Wandels

Mit dem Begriff „politischer Wandel" wird das Phänomen beschrieben, dass **grundlegende Merkmale eines politischen Systems Veränderungen** erfahren. Der politische Wandel erfasst sowohl politische Institutionen und deren Zusammenwirken als auch politische Leitideen und Ideologien, er findet ebenso im nationalen wie auch im supranationalen Rahmen statt. Es besteht ein enger Zusammenhang zwischen **politischem Wandel** einerseits und **sozialem Wandel** andererseits – beide bedingen einander und sind sowohl Ursache als auch Folge.

Die Politikwissenschaft beobachtet und beschreibt diese Wandlungsprozesse und versucht, Erklärungen für ihre Ursachen und Auswirkungen zu finden. Dabei wird zwischen zwei Möglichkeiten, dem evolutionären und dem revolutionären Wandel, unterschieden.

Möglichkeiten des politischen Wandels

	legal (Evolution)	illegal (Revolution) gewaltsam /gewaltlos
Machtergreifung des Amtsinhabers durch:	Wahlen, Erbfolge	(gewaltfreie) Staatsstreiche
Herstellung der territorialen Einheit durch:	Plebiszit	Abspaltung
Veränderung der Staatsordnung durch:	im Parlament verabschiedete Reformen	Revolution

7.1   Evolutionärer politischer Wandel

Der Begriff „Evolution" bedeutet stetige Entwicklung und beschreibt die Tatsache, dass die Verhältnisse, unter denen Menschen in einem Staat zusammenleben, **allmählich, legal und ohne Gewalt** verändert werden. Diese Veränderung kann sowohl ungeplant, schleichend und unbemerkt geschehen (z. B. Bedeutungsgewinn des Bundesverfassungsgerichts im Lauf der Geschichte der Bundesrepublik Deutschland) als auch willentlich und offensichtlich durch Gesetzgebung oder Verfassungsänderung (z. B. Herabsetzung des Wahlalters auf 18 Jahre oder Einführung plebiszitärer Elemente auf kommunaler Ebene) vorgenommen werden. Letztlich bedeutet im Weiteren jede Änderung der Rechtslage, sei es durch behördliche Verordnung oder durch Gesetze, einen evolutionären politischen Wandel.

Allerdings wird im engeren Sinn politischer Wandel auf eine Änderung des politischen Systems beschränkt. Der evolutionäre Wandel erfolgt in demokratischen Systemen meist durch Wahlen, wenn er die personelle Führung betrifft, und durch verfassungsgemäß zustande gekommene Gesetze. Der evolutionäre politische Wandel bedeutet also eine **fortwährende Anpassung** des politischen Systems an gesellschaftliche und wirtschaftliche Veränderungen, ohne dass das System als Ganzes gegen eine andere Ordnung ausgetauscht wird.

7.2   Revolutionärer politischer Wandel

„Revolution" bedeutet den **plötzlichen, meist gewaltsamen Umsturz** bestehender Verhältnisse. Durch eine Revolution werden die **Staatsordnung** und der **Aufbau der Gesellschaft** in einem relativ kurzen Zeitraum grundlegend verändert. Das politische System wird nicht systemimmanent gewandelt, sondern gegen ein anderes System ausgetauscht.

Häufig bildet eine revolutionäre Veränderung der politischen Verhältnisse die Folge eines unzulänglichen evolutionären Veränderungsprozesses. So geraten Systeme, die sich notwendigen Reformen verschließen oder diese nur oberflächlich durchführen, durch **Unzufriedenheit der Bevölkerung mit dem System in eine Krise**. Eine solche Krise kann im Zusammenspiel unterschiedlicher Bedingungen eine revolutionäre Dynamik entwickeln, die dann schließlich zum gewaltsamen Umsturz des Systems führt (Beispiel: Französische Revolution 1789). Die Anwendung von Gewalt ist ein häufiges, aber kein notwendiges Kriterium revolutionären Wandels. Ein Beispiel für eine friedliche Revolution sind die Umwälzungen in den osteuropäischen Staaten in den Jahren 1989 und 1990.

Der Anstoß für revolutionären Wandel kann sowohl durch **revolutionäre Eliten** erfolgen, die die Bevölkerung agitieren und den Umsturz dirigieren (Beispiel: Oktoberrevolution 1917), als auch von großen Bevölkerungsteilen ausgehen, die ungelenkt ihre Unzufriedenheit mit dem System ausdrücken (Beispiel: Zusammenbruch der DDR 1989). Der Zusammenbruch der DDR zeigt, wie eine Bewegung, die ursprünglich auf den **Wandel des Systems** abzielte (Demokratisierung der DDR nach dem Motto „Wir sind **das** Volk"), umkippen kann und schließlich die **Beseitigung des Systems** fordert (Auflösung der DDR und Wiedervereinigung mit der Bundesrepublik Deutschland nach dem Motto „Wir sind **ein** Volk").

Häufig bedarf es für einen revolutionären Wandel einer **Ideologie**, die ein neues System bereits antizipiert hat. Beispiele hierfür sind der Kommunismus in Russland, aber auch der Faschismus in Italien oder Spanien.

Politische Ordnung der Bundesrepublik Deutschland

Der Reichstag in Berlin, seit 1999 Sitz des Deutschen Bundestags, steht mit seiner bewegten Geschichte als Sinnbild für die deutsche Demokratie.

1 Pluralismus

Der Pluralismus gehört zu den Grundvoraussetzungen demokratischer Systeme (vgl. S. 16). Parteien, Medien und Verbände stellen wesentliche Elemente des Pluralismus dar.

1.1 Parteien

Verfassungsrechtliche Stellung

Parteien sind **Vereinigungen** von Bürgern, die **dauernd oder für längere Zeit** im Bereich des Bundes oder eines Landes **auf die politische Willensbildung Einfluss** nehmen und an der Vertretung des Volkes in den **Parlamenten** mitwirken. Nach Umfang, d. h. nach Mitgliederzahl und Wirksamkeit in der Öffentlichkeit, muss gewährleistet sein, dass die Ziele ernsthaft verfolgt werden. Demnach verliert eine Vereinigung ihre Rechtsstellung als Partei, wenn sie sechs Jahre lang weder an einer Bundestags- noch an einer Landtagswahl teilgenommen hat.

In **Art. 21 GG** wird bestimmt, dass

- Parteien an der politischen Willensbildung des Volkes mitwirken;
- ihre Gründung frei ist;
- ihre innere Ordnung nach demokratischen Grundsätzen erfolgen muss;
- sie öffentlich Rechenschaft über ihre Finanzen ablegen müssen.

Im Rahmen der **wehrhaften Demokratie** sieht das Grundgesetz auch die Möglichkeit des **Parteienverbots** vor (vgl. S. 44).

Aufgaben

Die Parteien wirken nach dem Parteiengesetz an der **Bildung des politischen Willens** auf allen Gebieten des öffentlichen Lebens mit, indem sie

- auf die Gestaltung der **öffentlichen Meinung** Einfluss nehmen;
- die **politische Bildung** anregen und vertiefen;
- die aktive Teilnahme der Bürger am politischen Leben fördern;
- zu der Übernahme öffentlicher Verantwortung **befähigte Bürger** heranbilden;
- sich durch Aufstellung von Bewerbern an **Wahlen** auf allen politischen Ebenen beteiligen;
- die politische Entwicklung in **Parlament und Regierung beeinflussen**;
- die von ihnen erarbeiteten Ziele in den politischen Prozess einbringen;
- für eine ständige, lebendige **Verbindung zwischen dem Volk und den Staatsorganen** sorgen.

Innerparteiliche Willensbildung

Nach dem Parteiengesetz gelten folgende Voraussetzungen, um dem Verfassungsgebot der demokratischen Willensbildung gerecht zu werden:

- schriftliche Satzung und schriftliches Programm;
- Mitgliederversammlung und Vorstand auf allen Ebenen;
- Aufstellung von Wahlbewerbern in geheimer Abstimmung.

Dementsprechend gliedern sich die Parteien in Orts-, Kreis- und Landesverbände und gegebenenfalls eine Bundespartei. Die Willensbildung erfolgt jeweils durch **Parteitage** mit demokratisch gewählten Delegierten. Außerdem gibt es mittlerweile auch Formen direkter Demokratie. So kennt z. B. die SPD die **Urabstimmung** (eine direkte Entscheidung aller Mitglieder) bei wichtigen Personal- und Sachfragen.

Da die Parteien wichtige Aufgaben innerhalb der Demokratie erfüllen, hat das Bundesverfassungsgericht zugelassen, dass der Staat **Wahlkampfkosten** pauschal im Verhältnis der erreichten Stimmen erstattet. Außerdem sind Spenden an Parteien steuerlich absetzbar. Diese **staatliche Parteienfinanzierung** ist immer wieder Gegenstand öffentlicher Kontroversen.

Kritik an der Stellung der Parteien

Der Begriff **Parteiendemokratie**, der das politische System in der Bundesrepublik Deutschland beschreibt, wird heute häufig mit negativen Aspekten verbunden, wobei vor allem zwei Bereiche diskutiert werden:

Parteien als **quasi staatliche Institutionen:** Da die Auswahl des gesamten politischen Personals (Abgeordnete, Verfassungsrichter) in den Händen der Parteien liegt, besitzen sie großen Einfluss. Dieser erstreckt sich auch auf nicht unmittelbar politische **Ämter**, z. B. im Bereich der Medien, der öffentlichen Verwaltung und anderer Institutionen mit öffentlicher Beteiligung (Landesbanken, Anstalten des öffentlichen Rechts, Stadtwerke etc.). Bei der Auswahl der Kandidaten für solche Ämter entscheiden Parteien oft nicht nur nach **Kompetenz**, sondern auch nach politischer **Loyalität**. Dies kann der Effizienz der Institutionen und deren Ansehen in der Öffentlichkeit schaden.

Mangelnde Integrationskraft der Parteien: Mit dem Rückgang der **milieugebundenen Wähler** (klare Zugehörigkeit bestimmter Gesellschaftsschichten zu Parteien sinkt) durch die wirtschaftliche und gesellschaftliche Entwicklung einerseits und die sich verbreitende Politikverdrossenheit andererseits gelingt es den Parteien immer weniger, breite Teile der Bevölkerung für sich zu gewinnen. Dies macht sich sowohl in einer relativ niedrigen **Wahlbeteiligung** als auch in den rückläufigen **Mitgliederzahlen** aller Parteien bemerkbar. Die Kluft zwischen den Parteiführungen und den Bürgern droht deshalb immer größer zu werden.

1.2   Medien

Verfassungsrechtliche Stellung

Durch **Art. 5 (1) GG** herrscht **Meinungs- und Informationsfreiheit**. Dies bedeutet auch ein Verbot von Vorzensur und das Zeugnisverweigerungsrecht für Journalisten. Die Meinungs- und Informationsfreiheit wird jedoch **eingeschränkt** durch die **Persönlichkeitsrechte** des Einzelnen, das **Gegendarstellungsrecht** bei Tatsachenbehauptungen und bei Printmedien die **freiwillige Selbstverpflichtung durch den Deutschen Presserat** (Pressekodex). Bei Verstößen gegen den Pressekodex hat der Presserat folgende Sanktionsmöglichkeiten:

- Öffentliche Rüge (mit Abdruckverpflichtung);
- nichtöffentliche Rüge;
- Missbilligung;
- Hinweis.

Aufgaben

Medien erfüllen folgende Aufgaben im politischen Prozess:

- **Information** der Öffentlichkeit;
- **Meinungsbildung** durch Analyse und Bewertung (Kommentare, Leitartikel);
- **Kritik und Kontrolle** durch Aufdecken unbekannter Hintergründe und Zusammenhänge (Investigation, Recherche);
- **Bekanntmachung und Veröffentlichung** durch Debatten über vernachlässigte Themen (Thematisierungsfunktion).

Medienlandschaft der Bundesrepublik Deutschland

Für den politischen Prozess sind mehrere Bereiche von großer Bedeutung. Die **Printmedien** werden unterteilt in **Boulevardpresse**, bei der die Bild-Zeitung des Springer-Verlags eine marktbeherrschende Stellung einnimmt, und in **überregionale Tageszeitungen**, bei denen die Süddeutsche Zeitung, die Frankfurter Allgemeine Zeitung und Die Welt die größte Beachtung und Verbreitung besitzen. Darüber hinaus gibt es **regionale und lokale Blätter**, die in der Summe die Mehrzahl der deutschen Tageszeitungen stellen.

Die Bedeutung des **Fernsehens** wird mit zunehmendem Konsum immer größer. Seit der Einführung des Privatfernsehens zu Beginn der 1980er-Jahre herrscht in der Bundesrepublik Deutschland ein **duales System** mit öffentlich-rechtlichen Sendern auf der einen und privaten Sendern auf der anderen Seite. Der Einfluss der Parteien auf die öffentlich-rechtlichen Sender durch die Mitbesetzung der Aufsichtsgremien **(Rundfunkräte)** ist immer wieder Gegenstand öffentlicher Kritik.

Die Medien im politischen Prozess

Da es kaum einen direkten Kontakt zwischen den Politikern und dem einzelnen Wähler gibt, sind beide Seiten auf die **Vermittlung** durch die modernen Massenmedien angewiesen. Die Politik informiert die Medien und versucht, sie für sich einzunehmen, die Wähler informieren sich durch die Medien. So vermitteln die Medien **neben Fakten auch Meinungen** und wirken auf Einstellungen und damit **Sympathie und Antipathie** ein. Die Medien nehmen dadurch entscheidenden Einfluss sowohl auf die öffentliche Meinung als auch auf **die Wahlentscheidung der Bürger**. Ihre Macht in diesem Bereich ist so groß, dass man hier auch von der „vierten Gewalt" spricht. In diesem Zusammenhang wird auch von einem Wandel der Parteiendemokratie gesprochen, die in den letzten Jahren des 20. Jahrhunderts durch Züge einer **Mediendemokratie** erweitert wurde.

An den Medien wird kritisiert, dass sie ihrer Verantwortung nicht immer gerecht würden. Die **Gefahr der Manipulation** wird vor allem dann groß, wenn, wie beispielsweise beim ehemaligen Ministerpräsidenten Italiens, Silvio Berlusconi, Medienmacht und politisches Amt miteinander verflochten sind. Auch eine **Medienkonzentration**, die die Meinungsvielfalt einschränkt, wird als Gefahr empfunden und gerade auf regionaler Ebene kommt es bereits immer häufiger zu Pressemonopolen.

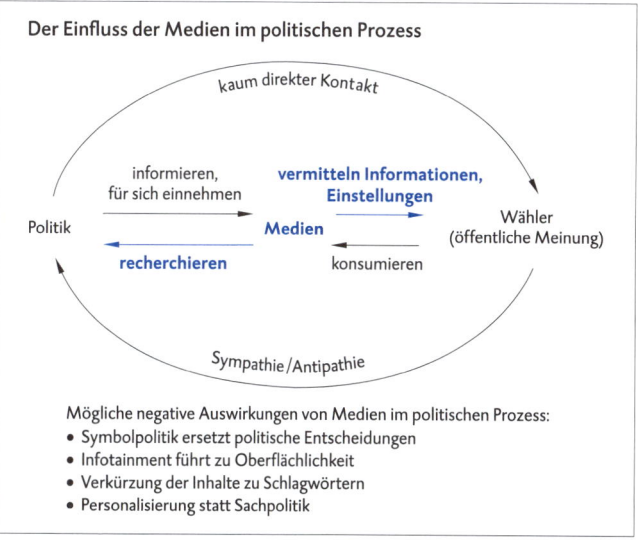

Der Einfluss der Medien im politischen Prozess

kaum direkter Kontakt

informieren, für sich einnehmen — **vermitteln Informationen, Einstellungen**

Politik — **Medien** — Wähler (öffentliche Meinung)

recherchieren ← konsumieren

Sympathie/Antipathie

Mögliche negative Auswirkungen von Medien im politischen Prozess:
- Symbolpolitik ersetzt politische Entscheidungen
- Infotainment führt zu Oberflächlichkeit
- Verkürzung der Inhalte zu Schlagwörtern
- Personalisierung statt Sachpolitik

1.3   Verbände

Verfassungsrechtliche Stellung

Als Verband bezeichnet man den **Zusammenschluss** von Personen oder Personengruppen zu einer **festen Organisation**, die das Ziel verfolgt, **langfristig eigene Interessen durch Einflussnahme** auf staatliche Einrichtungen, Parteien, die öffentliche Meinung und andere gesellschaftliche Gruppierungen **durchzusetzen**. Daneben existieren **Bürgerinitiativen**, die weniger fest organisiert sind und eher kurzfristig ein konkretes Anliegen verfolgen. Verfassungsrechtliche Grundlage ist der **Art. 9 GG**, die **Koalitions- und Vereinigungsfreiheit**. Jeder Bürger kann sich Interessenorganisationen anschließen oder neue gründen. Die Vielfalt von Interessengruppen ist Merkmal einer pluralistischen Gesellschaft, die wiederum Voraussetzung für eine moderne und freiheitliche Demokratie ist (vgl. S. 16). Ein anderer wichtiger Aspekt für die Bedeutung von Verbänden ist die Staatsform, da sie vor allem in föderalistisch geprägten Ländern die Politik beeinflussen kann.

Aus den Interessen bestimmter Gruppen ergeben sich **Forderungen an andere Bürger** (Arbeitnehmer an Arbeitgeber, Verbraucher an Hersteller, Hausbesitzer an Mieter). Häufig richten sich die Interessen jedoch an den Staat (z. B. finanzielle Förderung, günstige gesetzliche Regelungen, Verwaltungsentscheidungen).

Aufgaben

Verbände versuchen sowohl unmittelbar als auch mittelbar Einfluss auf den politischen Prozess zu nehmen. **Adressaten** der Einflussnahme sind:

- **Öffentlichkeit** (Pressearbeit, Werbematerialien, Anzeigenkampagnen, Demonstrationen);
- **Parteien** (personelle Durchsetzung, Unterstützung im Wahlkampf);
- **Parlamente** (Eingaben, personelle Verflechtung, politische Gespräche mit Abgeordneten);
- **Regierung und Bürokratie** (Eingaben, Gespräche).

Diese Einflussnahme nennt man **Lobbyismus**. Der Begriff bedeutet, dass Verbandsvertreter im Vorfeld politischer Beschlüsse einzelne Entscheidungsträger durch Sachargumente für ihre Anliegen gewinnen.

Verbändelandschaft der Bundesrepublik Deutschland

Man schätzt die Zahl der Interessenorganisationen in Deutschland auf etwa 200 000. Davon sind zirka **5 000 im engeren politischen Sinne tätig**. Beim Bundestag sind zirka 2 100 Verbände registriert, die dort offiziell Lobbyarbeit leisten. Zu den wohl wichtigsten Interessenverbänden der Bundesrepublik Deutschland zählen die Zusammenschlüsse der Arbeitnehmer und der Arbeitgeber. Der größte Zusammenschluss von Arbeitnehmerorganisationen ist der **Deutsche Gewerkschaftsbund** (DGB), der sich als religiös bzw. weltanschaulich unabhängige Interessenorganisation aller Arbeitnehmerinnen und Arbeitnehmer versteht. Daneben gibt es u. a. den Deutschen Beamtenbund, den Christlichen Gewerkschaftsbund und den Deutschen Bundeswehrverband. Die Arbeitgeber sind in Fachverbänden nach Branchen organisiert, die sich in der **Bundesvereinigung der deutschen Arbeitgeberverbände** (BDA) zusammengeschlossen haben.

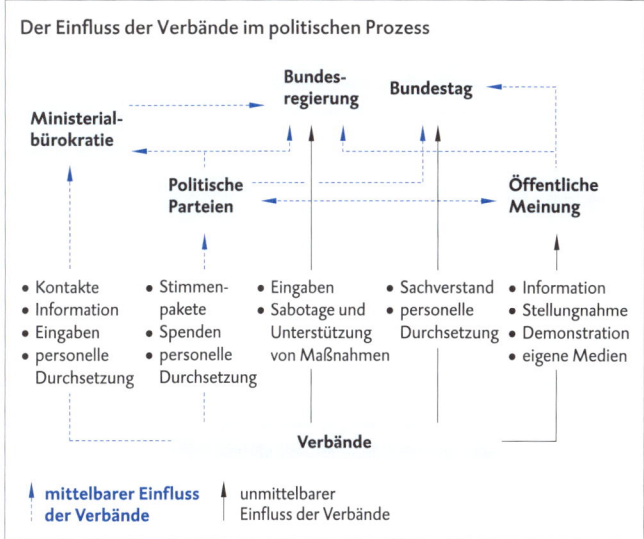

Der Einfluss der Verbände im politischen Prozess

Kritik an den Interessenverbänden
Neben der **ungleich gewichteten Macht** der verschiedenen Interessen in einem Staat (vgl. S. 17) wird vor allem kritisiert, dass durch den Einfluss der Verbände **wichtige Reformen erschwert oder verzögert** würden, weil der Widerstand der beteiligten Gruppen zu stark sei (z. B. bei Reformen im Gesundheitswesen). Den Verbänden allgemein und den Gewerkschaften insbesondere wird eine am Status quo orientierte Blockadehaltung vorgeworfen. Des Weiteren werden die Verbände beschuldigt, sie entzögen sich der **öffentlichen Kontrolle**. Außerdem sei die Mitwirkung der Mitglieder unzureichend, da die Entscheidungen meist nur von wenigen mächtigen **Funktionären** getroffen würden.

2 Die Wertordnung des Grundgesetzes

Den Kern des Grundgesetzes bildet die freiheitlich-demokratische Grundordnung. Sie besteht aus den folgenden Elementen:

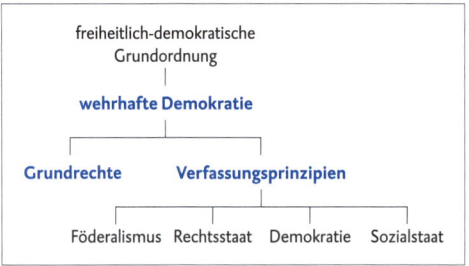

Elemente der freiheitlich-demokratischen Grundordnung

2.1 Die Verfassungsprinzipien

Das Sozialstaatsprinzip

Ein Staat, der durch seine Organe Mitverantwortung für den **Ausgleich sozialer Gegensätze** zwischen verschiedenen Bevölkerungsschichten übernimmt, handelt nach dem Sozialstaatsprinzip. Die Bundesrepublik Deutschland ist durch die **Art. 20 (1) und Art. 28 (1) GG** auf das Sozialstaatsprinzip festgelegt. Die konkrete Ausgestaltung bleibt dabei jedoch offen. Deshalb spricht man vom **Sozialstaatspostulat** (allgemeiner Auftrag) des Grundgesetzes. Die Realisierung dieses Postulats ist Gegenstand des politischen Prozesses und entsprechend umstritten, weil sie eine Frage der sozio-politischen Prioritäten sowie der finanziellen Möglichkeiten des Staates ist. Man unterscheidet folgende Erscheinungsformen des Sozialstaats:

- **Daseinsvorsorge zugunsten des Einzelnen** (z. B. Gesundheitsvorsorge und öffentliches Schulwesen);
- **Zwangsversicherungen** (Sozialversicherungen) wie Renten-, Kranken-, Unfall- und Pflegeversicherung;
- **Fürsorgeanspruch im Falle (un-)verschuldeter Bedürftigkeit** (vor allem Arbeitslosengeld II, das Bürger in einer Notlage auf Antrag erhalten);
- **sozial-gemeinnützige Politik** (z. B. Sozialwohnungen, Steuerfreibeträge und Existenzminimum);
- **Rechte der sozialen Teilhabe** wie Koalitionsfreiheit und Tarifautonomie (Gewerkschaften und Unternehmen schließen besondere Verträge).

Das Bundesstaatsprinzip (Föderalismus)

Föderalismus bedeutet, dass sich der Staat als **Bund von Gliedstaaten** versteht und die staatliche Gewalt nicht zentral von einer Stelle ausgeübt wird, sondern zwischen dem Bund und seinen Gliedern verteilt ist. Die Verteilung der Macht wird auch als „**vertikale Gewaltenteilung**" bezeichnet (im Gegensatz zur horizontalen Gewaltenteilung zwischen Exekutive, Legislative und Judikative, vgl. S. 14).

Der Föderalismus der Bundesrepublik Deutschland ist im Grundgesetz an vielen Stellen verankert. Die wichtigsten Artikel sind:

- Art. 20 (1) GG: Die Bundesrepublik ist ein demokratischer und sozialer Bundesstaat.
- Art. 24 (1), 30, 31 und 35 (1) GG: Abgrenzung der unterschiedlichen Aufgaben und Kompetenzen zwischen Bund und Ländern.
- Art. 50 bis 53 GG: Mitwirkung der Länder in Angelegenheiten des Bundes. Hier ist vor allem der **Bundesrat** und seine Stellung in der Gesetzgebung wichtig (vgl. S. 58).

Das Demokratieprinzip

Das Demokratieprinzip umfasst die **Volkssouveränität**, d. h. die Legitimation staatlicher Gewalt durch Wahlen und Abstimmungen sowie den **Pluralismus**. Hierzu finden sich auch im ersten Kapitel (vgl. S. 12, S. 16) sowie in diesem Kapitel (vgl. S. 34) nähere Ausführungen. Im Grundgesetz ist die Volkssouveränität festgelegt durch

- den oben erwähnten Art. 20 (1) GG;
- Art. 20 (2) GG: Alle Staatsgewalt geht vom Volke aus. Sie wird […] in Wahlen und Abstimmungen […] ausgeübt.

Das Rechtsstaatsprinzip

Nach dem Rechtsstaatsprinzip ist die **staatliche Gewalt an Gesetz und Recht gebunden** (vgl. S. 14). Im Grundgesetz ist die Rechtsstaatlichkeit u. a. durch folgende Artikel verankert:

- Wörtlich genannt wird das Rechtsstaatsprinzip nur in Art. 28 (1) GG: Die verfassungsmäßige Ordnung in den Ländern muss den Grundsätzen des republikanischen, demokratischen und sozialen Rechtsstaats […] entsprechen. Sozialer Rechtsstaat bedeutet hier, dass in diesem Staat das Ziel der Existenzsicherung, Wohlstandsförderung und der sozialen Gerechtigkeit verfolgt wird.
- Die Bindung der Gesetzgebung an Gesetz und Recht ist in Art. 20 (3) GG festgelegt.
- Art. 19 (4) GG eröffnet jedem Bürger den Rechtsweg, wenn er sich durch die öffentliche Gewalt in seinen Rechten verletzt sieht.

2.2   Die Grundrechte und ihr Schutz

Verfassungsrechtliche Stellung

Die Grundrechte sind unantastbare, unverletzliche und unveräußerliche Rechte des Einzelnen gegenüber dem Staat. Die Basis der einzelnen Grundrechte bilden die **Menschenwürde (Art. 1 GG)**, das **Recht der persönlichen Freiheit (Art. 2 GG)** und der **Gleichheitsgrundsatz (Art. 3 GG)**. Grundrechte sind ursprünglich und in erster Linie **Abwehrrechte** gegenüber dem Staat und schützen den Einzelnen vor Eingriffen der öffentlichen Gewalt. Im modernen Staat hat sich das Verständnis jedoch erweitert. Heute gelten sie auch als Verpflichtung des Staates, diese Rechte aktiv zu schützen und zu fördern. Sie wurden damit von reinen Abwehrrechten zu **Leistungs- und Teilhaberechten**. Grundrechte **binden unmittelbar alle staatlichen Gewalten** (Gesetzgebung, Verwaltung, Rechtsprechung). Durch die **Drittwirkung** (Geltung im Verhältnis der Bürger untereinander) erstrecken sie sich auch auf die nichtstaatlichen Bereiche. Man unterscheidet zwischen **Menschenrechten**, die für alle und **Bürgerrechten**, die nur für deutsche Bürger gelten.

Die Menschenwürde

Menschenwürde ist das Recht eines **jeden Menschen**, als Person respektiert und behandelt zu werden. Darunter versteht man den inneren und zugleich den sozialen **Achtungs- und Wertanspruch**, der dem Menschen als Träger höchster geistiger und sittlicher Werte zukommt. Der Mensch darf daher keiner Behandlung ausgesetzt werden, die ihn zum bloßen Objekt staatlichen Handelns degradiert. Dies beinhaltet folgende Aspekte:

- Verbot unmenschlicher Behandlung;
- Recht auf Anerkennung als Rechtssubjekt;
- Recht auf gleiche soziale Achtung;
- Recht auf sozialen Kontakt;
- Recht auf Selbstdarstellung des Menschen;
- Verbot der Entziehung notwendiger materieller Lebensgrundlagen.

Das Recht der persönlichen Freiheit

Art. 2 GG garantiert das Recht auf **freie Entfaltung der Persönlichkeit** als Basis der folgenden Freiheitsrechte:

- Recht auf freie Meinungsäußerung, Presse-, Wissenschafts- und Kunstfreiheit (Art. 5 GG);
- Versammlungs- (Art. 8 GG) und Vereinigungsfreiheit (Art. 9 GG);
- Glaubens-, Gewissens- und Bekenntnisfreiheit (Art. 4 GG), Postgeheimnis (Art. 10 GG), Freizügigkeit (Art. 11 GG), Berufsfreiheit (Art. 12 GG), Unverletzlichkeit der Wohnung (Art. 13 GG).

Der Gleichheitsgrundsatz

Art. 3 GG legt die **Gleichheit aller Menschen** vor dem Gesetz, die Gleichberechtigung von Mann und Frau und ein Diskriminierungsverbot fest. Da es zwischen den Menschen unabänderliche wesentliche Unterschiede gibt, wie z. B. Herkunft und körperliche sowie geistige Konstitution, kann der Gleichheitsgrundsatz nicht zwingend auf die Herstellung vollkommener Gleichheit abzielen.

Der Gleichheitsgrundsatz beinhaltet:

- **Wahlstimmengleichheit:** Jede Stimme hat den gleichen Stellenwert.
- **Staatsbürgerliche Gleichheit:** Alle Staatsbürger sind vor dem Gesetz gleich (Art. 33 GG).
- **Gleichberechtigungsgebot:** Geschlechtsneutrale Stellenausschreibung; sexuelle Belästigung wird staatlich verfolgt.
- **Diskriminierungsverbot:** Keine Benachteiligung aufgrund von Geschlecht, Abstammung, Rasse, Sprache, Herkunft, Glauben, Anschauungen sowie einer Behinderung.
- **Willkürverbot** mit dem Grundsatz „Wesentlich Gleiches darf nicht willkürlich ungleich, wesentlich Ungleiches darf nicht willkürlich gleich behandelt werden." D. h., dass die Gleichheit vor dem Gesetz Ungleichbehandlung nicht ausschließt (z. B. progressive Besteuerung).

Die Grundrechte im Grundgesetz

Artikel 1: Menschenwürde

Artikel 2: Freiheit
- Glaubens-, Gewissens-, Bekenntnisfreiheit (4)
- Meinungs-, Informations-, Pressefreiheit, Freiheit von Kunst und Wissenschaft (5)
- Versammlungsfreiheit (8)
- Vereinigungs-, Koalitionsfreiheit (9)
- Brief-, Post-, Fernmeldegeheimnis (10)
- Freizügigkeit (11)
- Berufsfreiheit, Verbot der Zwangsarbeit (12)
- Wehr- und Dienstpflicht (12 a)
- Unverletzlichkeit der Wohnung (13)
- Verbot der Ausbürgerung, Auslieferung (16)
- Asylrecht (16 a)
- Petitionsrecht (17)

Artikel 3: Gleichheit
- Schulwesen (7)
- Eigentum, Erbrecht, Enteignung (14)
- Sozialisierung (15)

2.3 Das Prinzip der „wehrhaften Demokratie"

Deutschland ist nach der Erfahrung der gescheiterten Weimarer Republik eine wehrhafte oder streitbare Demokratie. Die Gegner des damaligen Systems, vor allem die Nationalsozialisten, aber auch die Kommunisten, beanspruchten die Freiheitsrechte der Demokratie, um gegen sie kämpfen zu können. Das heißt, die wehrhafte Demokratie stellt den **Verfassungskern**, zu dem neben den Grundrechten die Verfassungsprinzipien gehören, unter einen **besonderen Schutz**.

Dieser Schutz wird durch folgende Grundgesetzartikel gewährleistet:

- Art. 79 (3) GG: Die Grundgesetzartikel, in denen der Verfassungskern festgelegt wird (Art. 1 bis 20 GG), dürfen ihrem Wesen nach nicht verändert werden **(Garantie des Verfassungskerns, Ewigkeitsgebot)**.
- Art. 18 GG: Möglichkeit des **Entzugs der Grundrechte** für Personen, die diese Rechte zur Beseitigung des Verfassungskerns missbrauchen.
- Art. 20 (4) GG: Das **Widerstandsrecht** jedes Bürgers gegen den Versuch, die Grundordnung zu stürzen. Widerstand ist erlaubt, wenn andere Abhilfe nicht möglich ist.
- Art. 21 (2) GG: Die Möglichkeit, **Parteien** durch das Bundesverfassungsgericht zu **verbieten**, die den Sturz dieser Grundordnung betreiben.
- Beobachtung und Verhinderung verfassungsfeindlicher Tätigkeiten durch den mit geheimdienstlichen Mitteln arbeitenden **Verfassungsschutz**.

Während Art. 18 GG (Grundrechtsentzug) bis heute noch nie angewendet werden musste, verbot das Bundesverfassungsgericht bereits zwei Parteien:

- 1952 die **Sozialistische Reichspartei (SRP)**, die eine NS-Nachfolgepartei darstellte und
- 1956 die **Kommunistische Partei Deutschlands (KPD)** aufgrund deren Ziels einer „Diktatur des Proletariats", das mit der freiheitlich-demokratischen Grundordnung nicht vereinbar ist.

Ende des Jahres 2000 wurde von Bundesregierung, Bundestag und Bundesrat beim Bundesverfassungsgericht ein Antrag auf Feststellung der Verfassungswidrigkeit der rechtsradikalen **NPD** (Nationaldemokratischen Partei Deutschlands) eingereicht. Im März 2003 wurde das Verbotsverfahren vom Bundesverfassungsgericht jedoch eingestellt, da die Richter der Meinung waren, dass die große Zahl der V-Leute des Verfassungsschutzes in der NPD kein faires Verfahren ermöglichte. Von 2013 bis 2017 war abermals ein **NPD-Verbotsverfahren** im Gange. Dieses wurde 2017 **abgelehnt**, da die NPD zwar eine verfassungsfeindliche Gesinnung habe, aber nicht das Potenzial, die Demokratie zu beseitigen.

3   Partizipation durch Wahlen

Es gibt **unterschiedliche Möglichkeiten** für Bürgerinnen und Bürger, auf den politischen Prozess **einzuwirken**. Neben der Mitgliedschaft und der aktiven Mitarbeit in Parteien, Verbänden und Bürgerinitiativen, können sie Leserbriefe in den Medien platzieren, Petitionen an Bundes- und Landtag senden, Verfassungsbeschwerde einlegen oder Eingaben an den Bundespräsidenten richten. Die direkteste und verbreiteteste Form der Beteiligung ist die **Teilnahme an Bundestags-, Landtags- und Kommunalwahlen**. Wahlen haben eine zentrale Bedeutung, da der Bürger durch sie direkt oder indirekt Einfluss auf die Zusammensetzung aller Staatsorgane nimmt.

Partizipationsmöglichkeiten der Bürger am politischen Prozess

Bundestag: Bundestagswahlen

Bundesrat: Landtagswahlen

Bundespräsident: Eingaben

Landtage: Landtagswahlen

Bundesverfassungsgericht: Verfassungsbeschwerden

Kommunalvertretungen: Kommunalwahlen

Bürgerinnen und Bürger

Massenmedien: Leserbriefe

Petitionsausschüsse: Petitionen

Bürgerinitiativen: Mitgliedschaft

Parteien: Mitgliedschaft

Verbände: Mitgliedschaft

3.1   Wahlgrundsätze

Damit Wahlen demokratischen Ansprüchen gerecht werden und als Ausdruck der Volkssouveränität gelten können, müssen sie den in **Art. 28 GG und Art. 38 GG** festgelegten Grundsätzen genügen:

- **Allgemeine Wahl:** Alle Bürger besitzen, unabhängig von Einkommen, Geschlecht, Bildung oder Vermögen, das aktive Wahlrecht, wenn sie deutsche Staatsbürger sind, das 18. Lebensjahr vollendet haben und sich ihr Wohnsitz seit mindestens drei Monaten in der Bundesrepublik Deutschland befindet.
- **Unmittelbare Wahl:** Kandidaten werden direkt, ohne zwischengeschaltete Wahlmänner gewählt.

- **Freie Wahl:** Der Bürger hat die Entscheidung zwischen mehreren unabhängigen Parteien und Kandidaten, ohne Druck von irgendeiner Seite.
- **Gleiche Wahl:** Jeder Wähler darf die gleiche Anzahl von Stimmen abgeben und jede Stimme muss die gleiche Berücksichtigung finden.
- **Geheime Wahl:** Die unbeobachtete und unkontrollierbare Stimmabgabe muss garantiert sein.

3.2   Wahlsystem für den deutschen Bundestag

Die Wahlen zum deutschen Bundestag finden in der Regel **alle vier Jahre** statt. Bei frühzeitiger Auflösung des Bundestags können auch vorzeitige Wahlen abgehalten werden. Das deutsche Wahlsystem ist eine **Mischung aus Verhältniswahlsystem** (Listenwahl) und **Mehrheitswahlsystem** (Personenwahl) und wird **personalisiertes Verhältniswahlrecht** genannt. Es soll die Vorzüge beider Systeme vereinigen (vgl. S. 22).

Erst- und Zweitstimme
Bei der Bundestagswahl hat jeder Wähler **zwei Stimmen**. Mit der sogenannten Erststimme wählt er einen Kandidaten einer Partei im **Wahlkreis**. Die Wahl verläuft nach dem **Mehrheitswahlprinzip**, d. h., Wahlsieger ist der Kandidat, der die meisten Erststimmen erhält, und er zieht damit in den Bundestag ein. Mit der Zweitstimme wird nach dem **Verhältniswahlprinzip** die **Liste einer Partei** gewählt. D. h., die Sitze werden entsprechend den für die Listen insgesamt abgegebenen Stimmen auf die Parteien verteilt. **Wahlentscheidend** und damit auch **ausschlaggebend für die Sitzverteilung ist also die Zweitstimme**. Die Kandidatenlisten werden auf demokratisch zusammengesetzten Wahlkonferenzen der Parteien für jedes der **16 Bundesländer getrennt** aufgestellt (Landeslisten).

Um entsprechend des Zweitstimmenanteils Sitze zu erhalten, muss eine Partei entweder mindestens fünf Prozent der insgesamt abgegebenen Zweitstimmen erhalten **(Fünf-Prozent-Sperrklausel)** oder mindestens **drei Direktmandate** errungen haben.

Insgesamt werden 598 Mandate verteilt, davon je 299 aus den Wahlkreisen und über Landeslisten. Hinzu kommen die **Überhangmandate**, die entstehen, wenn für eine Partei in einem Land mit den Erststimmen mehr Kandidaten in den Bundestag gewählt werden, als ihr nach dem Ergebnis der Zweitstimmen dort zustehen würden. Dies kommt typischerweise vor, wenn eine Partei 38–45 % der Zweitstimmen in einem Land erhält, dort aber (fast) alle Direktmandate gewonnen hat. Seit 2013 müssen jedoch alle Überhangmandate ausgeglichen werden **(Ausgleichsmandate)**, damit das Verhältnis im Bundestag dem Ergebnis der Zweitstimmen entspricht.

Von der Wählerstimme zum Mandat

Die Umrechnung von Wählerstimmen in Parlamentssitze erfolgt seit der Bundestagswahl 2009 nach der Methode des deutschen Physikers Hans Schepers und des französischen Mathematikers André Sainte-Laguë. Nach dem Sitzverteilungsverfahren nach **Sainte-Laguë/Schepers** werden die Zweitstimmen der einzelnen Parteien durch einen gemeinsamen Divisor geteilt. Die sich ergebenden Quotienten werden zu Sitzzahlen gerundet. Der **Zuteilungsdivisor** muss so gewählt werden, dass die errechnete Anzahl der Sitze der Gesamtzahl der zu vergebenden Mandate entspricht.

Verfahren der Stimmenverrechnung nach Sainte-Laguë/Schepers

8 Sitze sind zu vergeben:

Partei A:	Partei B:	Partei C:
10 000 Stimmen	6 000 Stimmen	1 500 Stimmen

Für jede Partei wird berechnet: $\dfrac{\text{Zweitstimmenzahl der Partei}}{\text{Zuteilungsdivisor}}$

Ermittlung des vorläufigen Zuteilungsdivisors

17 500 (= Gesamtzahl der Stimmen) : 8 = **2 187,5**

Partei A:	Partei B:	Partei C:
$\dfrac{10\,000}{2\,187,5} = 4,57\,(5)$	$\dfrac{6\,000}{2\,187,5} = 2,74\,(3)$	$\dfrac{1500}{2\,187,5} = 0,69\,(1)$

Standardrundung: So viele Sitze erhält jede Partei nun mindestens.

Bei diesem Zuteilungsdivisor entfallen insgesamt 9 Sitze auf die Parteien, es sind jedoch nur 8 zu vergeben. Der Zuteilungsdivisor muss also heraufgesetzt werden, bis die Sitzzahl 8 ergibt. Im Beispiel beträgt er **2 300**.

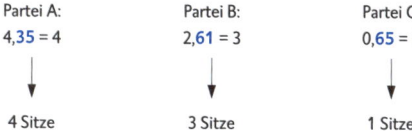

Partei A:	Partei B:	Partei C:
4,35 = 4	**2,**61 = 3	**0,**65 = 1
↓	↓	↓
4 Sitze	3 Sitze	1 Sitze

Von der errechneten Zahl der Sitze werden die bereits errungenen Direktmandate abgezogen. Der verbliebene Rest wird nach der in den Landeslisten festgelegten Reihenfolge an die Kandidaten vergeben.

4 Die Verfassungsorgane und ihre Funktionsweise im politischen Prozess

Zu den Verfassungsorganen der Bundesrepublik Deutschland gehören der Bundestag und der Bundesrat inklusive der jeweiligen Ausschüsse, der Bundespräsident, die Bundesversammlung, die Bundesregierung und das Bundesverfassungsgericht – die Rolle des Bundesrechnungshofs ist umstritten.

Die Verfassungsorgane der Bundesrepublik Deutschland

- **Bundesregierung**: Bundesminister, Bundeskanzler
- **Bundespräsident** ernennt → Bundesregierung
- Bundespräsident ← schlägt Minister vor
- Bundespräsident ernennt →
- **Bundesverfassungsgericht** kontrolliert → Bundesregierung
- schlägt Kanzler vor
- **Bundesversammlung** wählt → Bundespräsident
- wählt und kontrolliert
- **Bundesversammlung** besetzt → **Bundestag**
- wählt Richter / wählt Richter
- **Bundestag** ← kontrolliert Gesetze → **Bundesrat**
- besetzen
- **Landesparlamente** – bilden – **Landesregierungen** entsenden Vertreter →
- wählt / wählt
- **Wahlberechtigte Bevölkerung**

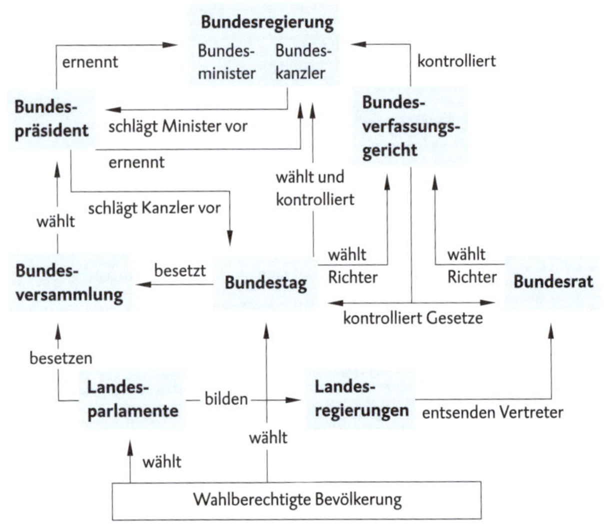

4.1 Der Bundestag und seine Abgeordneten

Im Gefüge der Verfassungsorgane nimmt der Bundestag eine **zentrale Stellung** ein. Er allein ist durch das **Wählervotum direkt legitimiert** und aus ihm gehen die anderen Verfassungsorgane mit Ausnahme des Bundesrats hervor (z. B. Wahl des Bundeskanzlers, Wahl der Hälfte der Bundesverfassungsrichter, Mitwirkung bei der Wahl des Bundespräsidenten über die Bundesversammlung).

Stellung der Abgeordneten

Das Grundgesetz regelt die rechtliche Stellung des Abgeordneten, die ihm die Unabhängigkeit gegenüber der Exekutive und Verbänden sichern soll:

- **Zeugnisverweigerungsrecht (Art. 47 GG):** Schutz von Informanten, um das Kontrollrecht gegenüber der Regierung zu sichern.
- **Immunität (Art. 46 GG):** Besonderer **Rechtsschutz vor Strafverfolgung**. Abgeordnete können für eine Straftat nur gerichtlich verfolgt werden, wenn der Bundestag dieser Strafverfolgung zustimmt, oder wenn der Abgeordnete auf frischer Tat ertappt wird.
- **Indemnität (Art. 46 GG):** Straffreiheit für politische Handlungen. Abgeordnete dürfen nicht wegen ihres Abstimmungsverhaltens oder ihrer Äußerungen im Bundestag gerichtlich oder dienstlich verfolgt werden.
- **Diäten (Art. 48 GG):** Angemessene, die Unabhängigkeit sichernde **Bezahlung**, deren Höhe die Mitglieder des Bundestags festlegen.

Freies Mandat im Konflikt mit der Fraktionsdisziplin

Nach Art. 38 GG ist der Abgeordnete **in seinen Entscheidungen frei und nur seinem Gewissen unterworfen** (freies Mandat). Dieser prinzipiellen Stellung widerspricht der **Zwang zur Loyalität mit der Fraktion**. Fraktionen versuchen, das Abstimmungsverhalten und die Redebeiträge ihrer Mitglieder inhaltlich festzulegen und erwarten, dass die Abgeordneten der in einer Fraktionssitzung bestimmten Linie folgen (Fraktionsdisziplin).

Folgendes wird zur Verteidigung der **Fraktionsdisziplin** genannt:

- Es werden nicht einzelne Personen, sondern Kandidaten von Parteien gewählt. Wähler orientieren sich vor allem an Vorstellungen von den Zielen der Partei und erwarten entsprechendes Verhalten der Abgeordneten.
- Wichtige Entscheidungen werden von **Experten** der Fraktion vorbereitet und in der Fraktion diskutiert, dort können alle Abgeordneten ihre Argumente vortragen. Am Ende steht ein **Mehrheitsbeschluss** der Fraktion, dem sich der Einzelne dann beugen soll.
- Für die Wirksamkeit und **Glaubwürdigkeit** der politischen Linie einer Partei bedarf es deren **Geschlossenheit und Berechenbarkeit**. Ohne diese wirkt eine Partei in der Öffentlichkeit wenig glaubhaft.

Die Fraktionsführung hat keine unmittelbaren **Sanktionsmöglichkeiten** bei Verstößen gegen die Fraktionsdisziplin. Allerdings kann sich ein von der Parteilinie abweichendes Abstimmungsverhalten auf die weitere politische Karriere des Abgeordneten auswirken, bis hin zur Verweigerung einer Wiederaufstellung als Kandidat bei der nächsten Wahl. Bei Gewissensentscheidungen, z. B. bei Themen wie Abtreibung oder Gentechnik und in jüngerer Zeit die Entscheidung für die gleichgeschlechtliche Ehe, wird die Abstimmung in seltenen Fällen von der Fraktionsführung freigegeben.

4.2   Der Bundestag und seine Organisation

Plenum

Die **Vollversammlung** aller Bundestagsabgeordneten ist das Plenum. Dort werden die **Beschlüsse** des Bundestags gefasst und **öffentliche Debatten** abgehalten. Der Bundestag ist beschlussfähig, wenn mindestens die Hälfte seiner Mitglieder anwesend ist. Viele Beschlüsse kommen allerdings mit weit weniger Abgeordneten zustande, da in den Ausschüssen meist vorab geklärt wird, ob einer Vorlage alle Fraktionen zustimmen oder ob sie zwischen der Regierungsmehrheit und der Opposition strittig ist.

Bundestagspräsidium

Der Bundestagspräsident und seine Stellvertreter bilden das Bundestagspräsidium. Dieses repräsentiert den Bundestag nach außen, wobei es keine außenpolitischen Entscheidungsbefugnisse hat, und ist zugleich oberster Dienstvorgesetzter der Bundestagsverwaltung. Wichtigste Aufgabe des Präsidiums ist die **Leitung der Bundestagssitzungen**. Der Bundestagspräsident wird traditionell von der stärksten Fraktion gestellt und wird für die Dauer von vier Jahren von den Mitgliedern des Bundestags gewählt. Als Präsident des obersten Verfassungsorgans nimmt er protokollarisch nach dem Bundespräsidenten und dem Bundesratspräsidenten und noch vor dem Bundeskanzler den zweiten Platz im Staate ein.

Ältestenrat

Der Ältestenrat setzt sich aus dem Präsidium und 23 weiteren besonders erfahrenen Abgeordneten der verschiedenen Fraktionen zusammen. Er sorgt für den **reibungslosen Ablauf** der Parlamentsarbeit und setzt die Tagesordnung und die Redezeiten der Plenarsitzungen fest. Er verständigt sich auch über die Besetzung der Ausschussvorsitzenden.

Ausschüsse

In **Fachausschüssen**, deren Zusammensetzung die Mehrheitsverhältnisse im Plenum widerspiegelt, wird die Detailarbeit des Parlaments geleistet. Hier tauschen die Experten der Fraktionen ihre Argumente zu konkreten Gesetzesvorschlägen und aktuellen Problemen aus. Die Arbeit in den Ausschüssen ist der **eigentliche Schwerpunkt der Parlamentsarbeit**. So finden über zehnmal häufiger Ausschuss- als Plenarsitzungen statt. Die Ausschüsse tagen in der Regel nicht öffentlich, weshalb dort ungezwungener und sachlicher debattiert werden kann als in den öffentlichen Plenumssitzungen. Die Ausschüsse entsprechen meist einem Ministerium, so gibt es einen Innen-, Außen-, Verteidigungsausschuss etc.

Der Bundestag kann **Enquete**-Kommissionen zu besonderen Fachgebieten sowie zur Vorbereitung weit reichender, bedeutsamer und umfangreicher Entscheidungen einrichten, die sich grundsätzlich und ohne konkrete Gesetzentwürfe zu erarbeiten, mit bestimmten Sachgebieten auseinander setzen (z. B. zu Fragen der Gentechnik oder dem Umgang mit der DDR-Vergangenheit). Außerdem kann auch eine Minderheit der Abgeordneten die Einsetzung eines **Untersuchungsausschusses** durchsetzen. Diese Ausschüsse werden in der Regel auf Antrag der Opposition gebildet und untersuchen mit den Mitteln der **Strafprozessordnung** (Vorladung und Vereidigung von Zeugen) politische Skandale, die meist in der Verantwortung der Regierung liegen. Neben der Aufklärung dienen sie der Opposition auch zur **öffentlichen Darstellung ihrer Regierungskritik**.

Fraktionen

Die Abgeordneten einer Partei im Parlament bilden eine Fraktion. Diese organisiert und steuert die Arbeit im Parlament, besetzt entsprechend ihrer Stärke die unterschiedlichen Organe und kann Anträge einbringen. Die Fraktionsvorsitzenden sind die einflussreichsten Abgeordneten.

Innerhalb einer Fraktion herrscht **Arbeitsteilung**, d. h., der einzelne Abgeordnete spezialisiert sich auf bestimmte Sachgebiete und berät in **Arbeitskreisen** die Positionen. Diese werden dann von der Gesamtfraktion diskutiert und meist gebilligt. Nach der Abstimmung in der Fraktion wird vom einzelnen Abgeordneten erwartet, dass er sich an die mehrheitlich gefasste Fraktionslinie hält (Fraktionsdisziplin, vgl. S. 49).

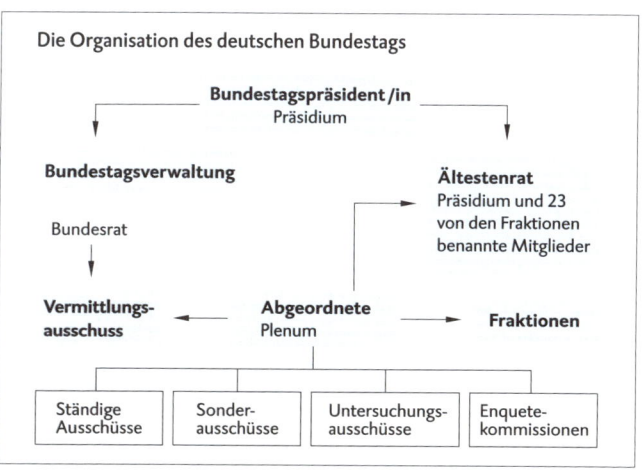

Die Organisation des deutschen Bundestags

Bundestagspräsident /in
Präsidium

Bundestagsverwaltung

Bundesrat

Ältestenrat
Präsidium und 23
von den Fraktionen
benannte Mitglieder

Vermittlungs-
ausschuss

Abgeordnete
Plenum

Fraktionen

Ständige
Ausschüsse

Sonder-
ausschüsse

Untersuchungs-
ausschüsse

Enquete-
kommissionen

4.3   Der Bundestag und seine Funktionen

Die Aufgaben des Bundestags sind einerseits im Grundgesetz festgelegt, andererseits ergeben sie sich aus der täglichen politischen Praxis. Im Einzelnen handelt es sich um:

- die Besetzung von Staatsorganen;
- das Gesetzgebungsrecht (vgl. S. 60);
- das Haushalts- und Budgetrecht;
- die Kontrolle der Regierung (vgl. S. 54);
- die Zustimmung zu internationalen Abkommen und Verträgen (Ratifizierung);
- die Artikulations- und Öffentlichkeitsfunktion.

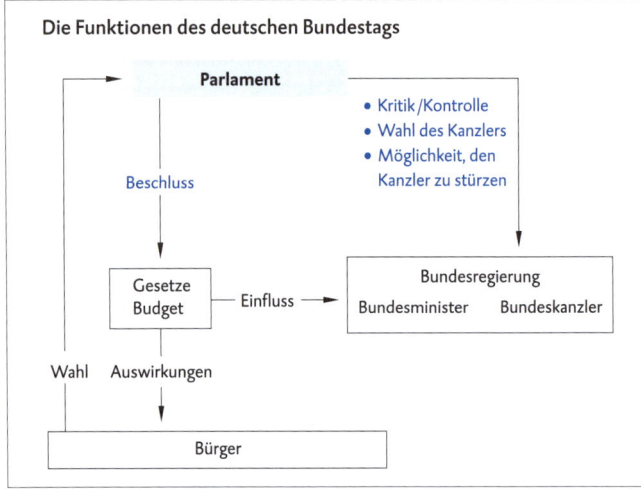

Die Funktionen des deutschen Bundestags

Parlament

- Kritik/Kontrolle
- Wahl des Kanzlers
- Möglichkeit, den Kanzler zu stürzen

Beschluss

Gesetze Budget — Einfluss → Bundesregierung

Bundesminister   Bundeskanzler

Wahl   Auswirkungen

Bürger

Die Besetzung von Staatsorganen

Als das **einzige direkt durch das Volk gewählte Organ auf Bundesebene** legitimiert der Bundestag die anderen obersten Staatsorgane. Er wählt nach **Art. 63 GG** den **Bundeskanzler**. Dabei braucht der Kandidat in den ersten beiden Wahlgängen die absolute Mehrheit der stimmberechtigten Mitglieder. Wird der Kanzler erst im dritten oder in einem späteren Wahlgang durch einfache Stimmenmehrheit bestimmt, hat der Bundespräsident die Wahl, den Bundestag aufzulösen und Neuwahlen auszuschreiben oder den gewählten Kandidaten zum Bundeskanzler zu ernennen.

Außerdem kann der Bundestag den Kanzler durch das „**konstruktive Misstrauensvotum**" auch wieder stürzen (Art. 67 GG). Hierzu muss er mehrheitlich einen Nachfolger wählen, womit der amtierende Kanzler automatisch sein Amt verliert. Dadurch soll, im Hinblick auf die negative Erfahrung aus der Weimarer Republik, verhindert werden, dass eine Regierung durch eine destruktive Mehrheit gestürzt wird, die unfähig ist, sich konstruktiv auf einen Nachfolger zu einigen.

Der Bundestag stellt außerdem die Hälfte der Mitglieder der **Bundesversammlung**, die den **Bundespräsidenten** wählt (Art. 54 GG). Die andere Hälfte wird durch die Landtage der Bundesländer bestimmt. Auch wählt der Bundestag die Hälfte der Mitglieder des **Bundesverfassungsgerichts**. Die andere Hälfte wird vom Bundesrat gewählt.

Das Haushalts- und Budgetrecht

Im Rahmen seiner Gesetzgebungskompetenz entscheidet der Bundestag auch über die jährlichen **Bundeshaushalte** (auch Etat oder Budget genannt), da diese in Form von Haushaltsgesetzen beschlossen werden. Diese Aufgabe wird eigens erwähnt, da sie für die politische Arbeit zentrale Bedeutung besitzt. Weil nahezu jedes politische Vorhaben mit Finanzen verbunden ist, bildet der Etat, in dem die Einnahmen und Ausgaben des Bundes in Höhe von ca. 329 Milliarden Euro (2017) festgelegt sind, das **Herzstück staatlichen Handelns**. Dementsprechend ist der Haushaltsausschuss einer der wichtigsten Ausschüsse im Parlament.

Die Bundesregierung ist verpflichtet, dem Bundestag regelmäßig über ihre Einnahmen und Ausgaben, den Stand des Vermögens und der Schulden des Bundes Rechnung zu legen. Bei der Rechnungsprüfung bedient sich der Bundestag des **Bundesrechnungshofes**.

Die Artikulations- und Öffentlichkeitsfunktion

Der Bundestag stellt für die Öffentlichkeit das **Forum der politischen Auseinandersetzung** dar. Hier sollen alle wesentlichen Themen und die unterschiedlichen Auffassungen und Vorstellungen der Gesellschaft formuliert und diskutiert werden. Dadurch repräsentiert der Bundestag die gesamte Gesellschaft **(Repräsentationsfunktion)**. Umgekehrt besitzt jeder einzelne Bürger dadurch die Möglichkeit, sich über die verschiedenen politischen Alternativen zu informieren und so seine Wahlentscheidung zu begründen **(Öffentlichkeitsfunktion)**. Des Weiteren greift der Bundestag in seinen Ausschüssen (vor allem in den für solche Themen eigens eingerichteten Enquete-Kommissionen) und in Plenardebatten auch Themen auf, die über die tagespolitische Aktualität hinausreichen, und nimmt damit die **Aufgabe der politischen Führung** wahr.

4.4   Mehrheit und Opposition im parlamentarischen Regierungssystem

Wie die meisten westlichen Demokratien besitzt auch die Bundesrepublik Deutschland ein parlamentarisches Regierungssystem (zu Merkmalen und Abgrenzung zum präsidentiellen Regierungssystem vgl. S. 24).

Rolle der Opposition

Im Grundgesetz kommt der Begriff „Opposition" nicht vor, ebenso wenig in den meisten Landesverfassungen. In Deutschland hat sich das Verständnis für die Bedeutung der Opposition nur langsam durchsetzen können. Opposition wurde lange mit **bloßer Verneinung** gleichgesetzt. 1952 jedoch zählte das Bundesverfassungsgericht das „Recht auf verfassungsmäßige Bildung und Ausübung einer Opposition" zu den „grundlegenden Prinzipien der freiheitlichen demokratischen Grundordnung". Da die **Mehrheit des Parlaments die Regierung stützt**, trägt die Opposition den Hauptanteil der parlamentarischen Kritik und Kontrolle der Regierungsarbeit. Sie beurteilt die Arbeit der Regierung und stellt ihr personelle und sachliche Alternativen entgegen. Ziel der Opposition ist es, bei den nächsten Parlamentswahlen die **Mehrheit zu erringen** und damit die Regierung zu stellen.

Man unterscheidet zwischen unterschiedlichen Oppositionsstrategien. Eine **kooperative Opposition** versucht, durch Zusammenarbeit Einfluss auf die laufenden Gesetzes- und Verwaltungsentscheidungen der Bundesregierung und der Parlamentsmehrheit zu nehmen. Im Unterschied dazu betont die **kompetitive Oppositionsstrategie** die Kritik und Alternativen. Sie lehnt eine Verantwortung für die aktuellen Entscheidungen ab und setzt auf eine Ablösung bei der nächsten Wahl. In der Realität ist jedoch eine Mischung aus beiden Idealtypen üblich.

Instrumente parlamentarischer Kontrolle

Die Opposition im Bundestag verfügt über eine Reihe von Mitteln, die eine wirksame Kontrolle der Bundesregierung ermöglichen:

- **Große Anfrage:** Sie betrifft im Allgemeinen grundsätzliche politische Fragen von größerer Reichweite. Die Bundesregierung muss eine schriftliche Antwort vorlegen, die in einer Aussprache im Plenum debattiert wird.
- **Kleine Anfrage:** Sie betrifft eher Einzelaspekte und wird von der Bundesregierung lediglich schriftlich beantwortet.
- **Aktuelle Stunde:** Dort können auf Antrag Fragen oder Stellungnahmen zu einem konkreten aktuellen Thema abgegeben und debattiert werden.
- **Fragestunde:** Sie wird zu Beginn jeder Plenarsitzung abgehalten und ist thematisch nicht eingegrenzt.

- **Parlamentarischer Untersuchungsausschuss:** Er dient zur Klärung fragwürdiger Sachverhalte, die in der Regel im Zusammenhang mit dem Regierungshandeln stehen. Er kann von mindestens einem Viertel der Abgeordneten beantragt werden und ist mit strafgerichtlichen Kompetenzen ausgestattet (Vereidigung von Zeugen usw.).

Rolle der Mehrheit

Da die Bundesregierung aus der Wahl des Bundeskanzlers durch den Bundestag hervorgeht, stützt sie sich auf dessen Mehrheit. Diese wird durch eine oder mehrere durch **Koalition** verbundene Fraktionen ausgeübt. Parlamentsmehrheit und Regierung sind auch personell miteinander verflochten, d. h., Kanzler und Minister sind meist auch Abgeordnete.

Die Parlamentsmehrheit ist der Regierung zur **Loyalität** verpflichtet. Sie klärt mit ihr vor der öffentlichen Beratung die wichtigen Personal- und Sachentscheidungen und segnet diese durch Beschlüsse des Parlaments ab. **Kritik** an der Regierung wird von den Regierungsparteien in der Regel **nicht öffentlich**, sondern nur **intern** geübt.

Verliert eine Regierung das **Vertrauen der Parlamentsmehrheit**, tritt sie entweder zurück oder wird durch ein konstruktives Misstrauensvotum gestürzt. Der Bundeskanzler hat das Mittel der **Vertrauensfrage**, um sich die Loyalität der Parlamentsmehrheit zu sichern. Verweigert der Bundestag dem Kanzler das Vertrauen, kann dieser **Neuwahlen** herbeiführen.

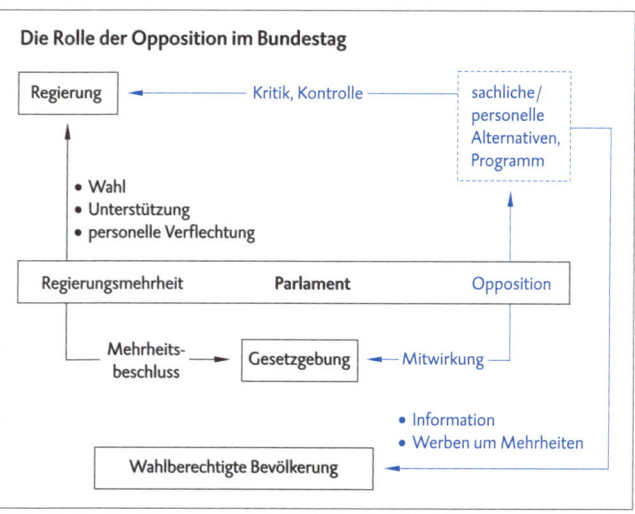

Die Rolle der Opposition im Bundestag

4.5 Die Bundesregierung

Die Bundesregierung hat die Aufgabe der politischen Führung der Bundesrepublik Deutschland. Sie setzt den politischen Willen der parlamentarischen Mehrheit in praktische Politik um und gestaltet die inneren Verhältnisse und die auswärtigen Beziehungen des Staates. Als **oberstes Organ der Exekutive** hat sie außerdem die Verantwortung für die Ausführung der Gesetze durch die Bundesbehörden.

Zusammensetzung

Die Bundesregierung besteht aus dem **Bundeskanzler und den Bundesministern**, die zusammen das **Kabinett** bilden. Der Kanzler wird auf Vorschlag des Bundespräsidenten vom Bundestag gewählt, die Minister auf Vorschlag des Kanzlers vom Bundespräsidenten ernannt. Die Fraktionen, die die Mehrheit im Bundestag besitzen, stellen somit die Bundesregierung. Die Minister sowie die Anzahl und Geschäftsbereiche der einzelnen Ressorts werden, wie das Regierungsprogramm, in der Regel schon im Voraus von den Parteien ausgehandelt, die an der Regierung beteiligt sind (Koalitionsvereinbarung).

Die Position des Kanzlers

Der Kanzler hat in der Regierung eine herausragende Stellung. Als einziges Mitglied der Bundesregierung ist er vom Bundestag direkt legitimiert und bestimmt die Zusammensetzung seines Kabinetts. Er legt die Richtlinien der Politik fest **(Richtlinienkompetenz)** und trägt für sie die alleinige Verantwortung vor dem Parlament **(Kanzlerprinzip)**.

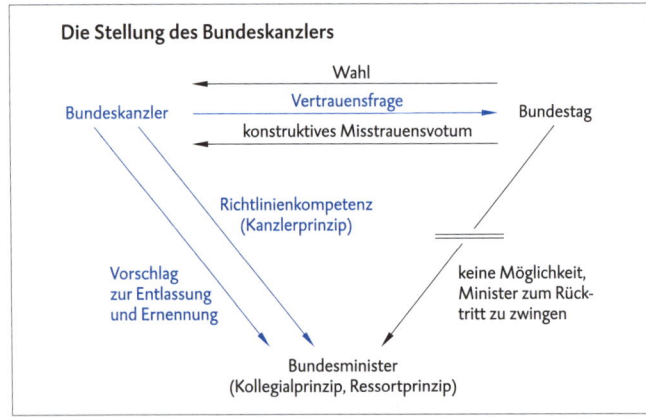

Die Stellung des Bundeskanzlers

Bundeskanzler

Wahl

Vertrauensfrage

konstruktives Misstrauensvotum

Bundestag

Richtlinienkompetenz
(Kanzlerprinzip)

Vorschlag
zur Entlassung
und Ernennung

keine Möglichkeit,
Minister zum Rücktritt zu zwingen

Bundesminister
(Kollegialprinzip, Ressortprinzip)

Der Bundeskanzler wird in seiner Arbeit durch zwei wichtige Ämter unterstützt. Das **Bundeskanzleramt** dient als **Koordinierungsstelle** für die Regierungspolitik und hält Kontakt mit den Ministern und Bundesbehörden. Zugleich bereitet es die Sitzungen und Beschlüsse des Kabinetts vor. Der Leiter des Kanzleramts hat den Rang eines Bundesministers. Dem Bundeskanzleramt unterstehen als Oberste Bundesbehörden das Presse- und Informationsamt der Bundesregierung und der Bundesnachrichtendienst.

Das **Bundespresseamt** wird vom **Regierungssprecher** im Rang eines Staatssekretärs geleitet und informiert die Öffentlichkeit über die Politik der Regierung. Es gibt Bulletins, Pressemitteilungen und Informationsschriften heraus und hält, vor allem über die **Bundespressekonferenz**, den Kontakt zu den Medien.

Arbeitsweise des Kabinetts

Die Minister sind für bestimmte **Fachressorts** zuständig. Innerhalb der vom Kanzler vorgegebenen Richtlinien wird jedes Ressort von dem zuständigen Minister selbstständig und in eigener Verantwortung **(Ressortprinzip)** geleitet. Alle wichtigen Entscheidungen werden vom Kabinett kollegial gefällt. Bei Meinungsverschiedenheiten zwischen den Ministern wird durch Mehrheitsbeschluss entschieden **(Kollegialprinzip)**.

Der Bundestag kann einzelne Minister nicht stürzen, sondern nur durch Wahl eines neuen Bundeskanzlers die gesamte Regierung absetzen (konstruktives Misstrauensvotum). Der Bundeskanzler kann den Antrag stellen, dass der Bundestag ihm das Vertrauen ausspreche. Bei Ablehnung der **Vertrauensfrage** kann er Neuwahlen herbeiführen. Die Vertrauensfrage wird vom Bundeskanzler auch als Mittel zur Disziplinierung der ihn tragenden Parlamentsmehrheit genutzt.

Die Ministerien

Die politische Leitung eines Ministeriums besteht aus dem **Minister** und einem oder mehreren **Parlamentarischen Staatssekretären**. Sie sind gleichzeitig Abgeordnete und vor allem für die Verbindung der Bundesregierung zum Bundestag zuständig. Sie vertreten den Minister in den Ausschüssen und in der Fragestunde, bei Kabinettssitzungen und in der Öffentlichkeit.

An der Spitze der Ministerialbürokratie steht jeweils ein **beamteter Staatssekretär**. Er ist wie die Leiter der Abteilungen eines Ministeriums „**politischer Beamter**" und kann jederzeit in den einstweiligen Ruhestand versetzt werden. Da er an der Nahtstelle zwischen Politik und Verwaltung tätig sind, ist es nötig, dass er mit den grundsätzlichen politischen Zielen der Regierung übereinstimmt. Gemeint ist dabei weniger eine parteipolitische Übereinstimmung, sondern ein besonderes Vertrauensverhältnis.

4.6   Der Bundesrat als Organ des föderalen Systems

Aufgabe und Zusammensetzung des Bundesrats

Durch den Bundesrat wirken die Länder bei der **Gesetzgebung und Verwaltung des Bundes** sowie in Angelegenheiten der Europäischen Union mit (Art. 50 GG). Er ist damit Ausdruck des Föderalismus und bedeutet eine weitere Teilung der staatlichen Gewalt, da er die Gesetzgebung des Bundes durch den Bundestag kontrolliert.

Nach Art. 51 (2) GG setzt er sich wie folgt zusammen:
- Jedes Land hat mindestens drei Stimmen (Bremen, Hamburg, Mecklenburg-Vorpommern, Saarland);
- Länder mit mehr als zwei Millionen Einwohnern haben vier Stimmen (Berlin, Brandenburg, Rheinland-Pfalz, Sachsen, Sachsen-Anhalt, Schleswig-Holstein, Thüringen);
- Länder mit mehr als sechs Millionen Einwohnern haben fünf Stimmen (Hessen);
- Länder mit mehr als sieben Millionen Einwohnern haben sechs Stimmen (Baden-Württemberg, Bayern, Niedersachsen, Nordrhein-Westfalen).

Die Vertreter der einzelnen Länder werden von den jeweiligen Länderregierungen bestimmt. Sie sind an die **Weisungen ihrer Regierungen** gebunden und müssen bei Abstimmungen im Bundesrat die Stimmen einheitlich abgeben. Bei der Abstimmung über das Zuwanderungsgesetz im März 2002 hob das Bundesverfassungsgericht den Beschluss des Bundesrats wieder auf, da es die Stimmabgabe Brandenburgs im Gegensatz zu der Länderkammer als nicht einheitlich wertete.

Rolle des Bundesrats

Der Bundesrat erhält seine Bedeutung vor allem durch seine **Mitwirkung an den Bundesgesetzen** (vgl. S. 60). Dabei wird unterschieden zwischen:
- **Zustimmungsgesetzen:** Gesetze, die die Verwaltung oder Finanzen der Länder betreffen oder durch die das Grundgesetz geändert wird.
- **Einspruchsgesetzen:** Gesetze, die nicht direkt die Länder tangieren, wie z. B. auswärtige Angelegenheiten und Verteidigung.

Wenn im Bundesrat die Länder, die nicht von den Mehrheitsparteien der Bundesregierung getragen werden, die Mehrheit besitzen, kann der Bundesrat zur **Blockade** von im Bundestag verabschiedeten Gesetzen instrumentalisiert werden. In diesem Fall muss sich die Opposition entscheiden, ob sie eine konstruktive Oppositionsstrategie verfolgt und selbst Einfluss auf die vorgelegten Gesetze nimmt oder durch eine kompetitive Haltung das Regierungshandeln blockiert (vgl. S. 54).

Kompetenzverteilung zwischen Bund und Ländern in der Gesetzgebung

In der Bundesrepublik Deutschland herrscht ein **föderalistisches System**, d. h., es gibt **Bundesgesetze**, die für das gesamte Gebiet des Bundes gelten, und **Landesgesetze**, die nur im jeweiligen Bundesland verbindlich sind. Landesgesetze dürfen den Bundesgesetzen nicht widersprechen **(Art. 31 GG: Bundesrecht bricht Landesrecht)**. Damit soll gesichert werden, dass überall im Bundesgebiet die Lebensverhältnisse gleichwertig sind. Ungeachtet des Art. 31 GG bleiben gemäß Art. 142 GG solche Landesgesetze in Kraft, die in Übereinstimmung mit den Art. 1 bis 18 des Grundgesetzes Grundrechte gewährleisten.

Man unterscheidet folgende Zuständigkeitsbereiche:

- ausschließliche Gesetzgebung des Bundes (z. B. auswärtige Angelegenheiten, Verteidigung, Zivilschutz, Währungs- und Geldwesen, Zölle und Außenhandel, Postwesen und Telekommunikation, Staatsangehörigkeit);
- Bund und Länder sind beide zur Gesetzgebung befugt, das heißt, sie konkurrieren in diesem Bereich (z. B. Straßenverkehr, Strafrecht und -vollzug, Arbeitsrecht, Vereinsrecht, Wirtschaftsrecht, Aufenthalts- und Niederlassungsrecht für Ausländer);
- ausschließliche Gesetzgebung der Länder (z. B. Kultur, Kommunalwesen, Versammlungsrecht, Schulwesen).

Kritik am Föderalismus

Im Rahmen der Diskussion um den viel beklagten sog. **Reformstau** in der Bundesrepublik wurde 2003 gemeinsam von Bundesrat und Bundestag die sog. **Föderalismuskommission** eingesetzt. Ihr Ziel war es, die Aufgabenverteilung zwischen Bund und Ländern zu reformieren. Hintergrund war die **komplizierte Zuständigkeit in der Gesetzgebung**, durch die ca. 60 % aller Bundesgesetze neben der Mehrheit im Bundestag auch die Zustimmung im Bundesrat erforderte. Im zweiten Anlauf stimmte der Bundestag am 30. Juni 2006 der umfassendsten **Grundgesetzreform** seit 1949 zu. Die Zahl der Bundesgesetze, die der Zustimmung des Bundesrates bedürfen, verringerte sich. Demgegenüber wurden Zuständigkeiten auf die Länder verlagert, etwa das Besoldungsrecht für Landesbeamte oder die **alleinige Kompetenz für die Bildung**. Kritiker bemängeln, dies bedeute die Rückkehr zur **Kleinstaaterei**. Außerdem blieben die komplizierten Finanzbeziehungen zwischen Bund und Ländern noch ausgeklammert. 2017 passierte nun ein **Gesetzespaket zur Neuordnung der Bund-Länder-Finanzbeziehungen** Bundestag und Bundesrat. Nach diesem Paket soll der Bund die Länder ab 2020 mit jährlich gut 9,7 Milliarden Euro unterstützen. Im Gegenzug erhält der Bund mehr Kompetenzen.

4.7   Die Gesetzgebung

Gesetzesinitiative

Das Recht, Gesetzesvorschläge in den Bundestag einzubringen, besitzen **Bundestagsabgeordnete, die Bundesregierung und der Bundesrat**. Letztere leiten sich dabei wechselseitig ihre Entwürfe zur Stellungnahme zu. Wichtige Gesetze werden in den Ausschüssen beraten und im Bundestagsplenum debattiert. Die meisten Gesetze sind jedoch Änderungen oder Ergänzungen bestehender Gesetze (Novellierung), die der Bundestag nur beschließt.

Behandlung und Verabschiedung im Bundestag

Die Behandlung eines Gesetzes ist in mehrere Schritte unterteilt:

- In **erster Lesung** debattiert das Plenum des Bundestags die allgemeinen Grundzüge eines Gesetzentwurfs.
- In den **zuständigen Ausschüssen** werden die Details von den Experten der Fraktionen geprüft. Die Sitzungen finden in der Regel nichtöffentlich statt und erlauben es einer konstruktiven Opposition, Einfluss auf die Gesetze zu nehmen. Auch können die Ausschüsse in **Anhörungen von Fachleuten** (Hearing) Expertenwissen von außerhalb hinzuziehen.
- Anschließend werden in der **zweiten Lesung** im Plenum Einzelfragen und Änderungsvorschläge aus der Ausschussarbeit debattiert.
- In der **dritten Lesung** findet nach einer zusammenfassenden Diskussion die Schlussabstimmung über den Gesetzesvorschlag statt. Sie schließt sich in der Regel direkt an die zweite Lesung an.

Mitwirkung des Bundesrats

Bei Annahme durch den Bundestag wird das Gesetz dem Bundesrat zugeleitet. Verweigert dieser bei zustimmungspflichtigen Gesetzen die **Zustimmung**, so wird das Gesetz an den **Vermittlungsausschuss** überwiesen. Ein dort möglicherweise ausgehandelter Kompromiss wird erneut im Bundestag und Bundesrat zur Abstimmung gestellt. Nur bei Zustimmung beider Organe kann das Gesetz in Kraft treten. Bei nicht zustimmungspflichtigen Gesetzen kann der Bundesrat zwar **Einspruch** erheben, doch kann dieser Einspruch durch die gleiche Mehrheit, mit der der Einspruch des Bundesrats erfolgt ist, durch den Bundestag **wieder aufgehoben** werden.

Ausfertigung und Veröffentlichung

Ein von Bundestag und Bundesrat verabschiedetes Gesetz wird durch den Bundeskanzler und den zuständigen Bundesminister unterzeichnet, vom Bundespräsidenten beurkundet und im **Bundesgesetzblatt** veröffentlicht. In der Regel tritt es am 14. Tag nach der Verkündigung in Kraft.

Bedeutung des Verfahrens

Das kompliziert anmutende Gesetzgebungsverfahren soll zum einen verhindern, dass Gesetze vorschnell und unüberlegt erlassen werden, und zum anderen sicherstellen, dass alle beteiligten gesellschaftlichen und politischen Kräfte die Gelegenheit haben, auf das Gesetzgebungsverfahren einzuwirken und ihre Interessen geltend zu machen. Damit trägt die Prozedur der Vorstellung einer pluralistischen Demokratie Rechnung.

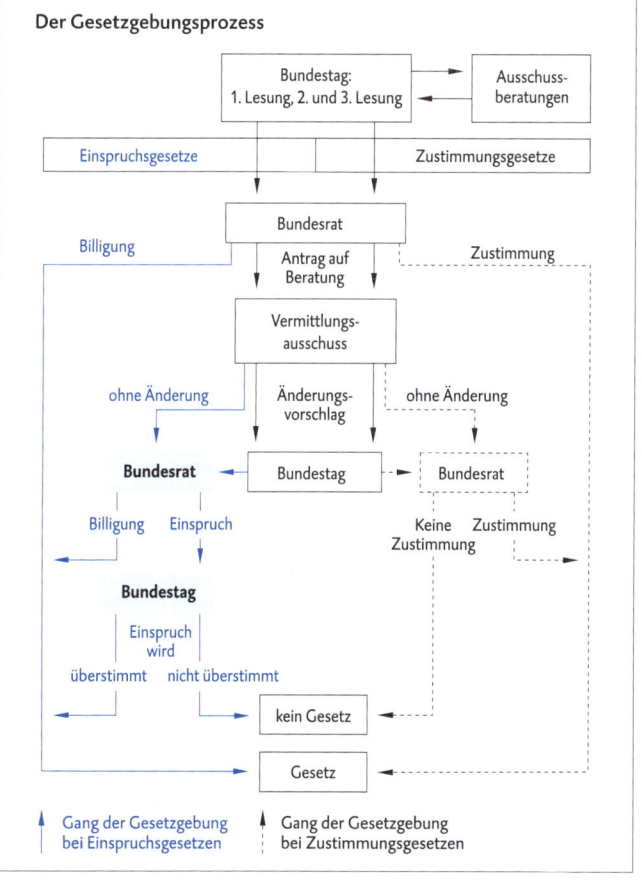

Der Gesetzgebungsprozess

4.8   Das Bundesverfassungsgericht

Zusammensetzung

Das Bundesverfassungsgericht ist einerseits als Gericht Teil der Recht sprechenden Gewalt und andererseits ein Verfassungsorgan, das gleichrangig ist mit den anderen Verfassungsorganen der Bundesrepublik Deutschland.

Das Bundesverfassungsgericht besteht aus **zwei Senaten**. Der Präsident des Verfassungsgerichts ist dabei Vorsitzender des Zweiten, sein Stellvertreter Vorsitzender des Ersten Senats. Die Hälfte der 16 Richter wird vom Bundesrat und die andere Hälfte vom Wahlausschuss des deutschen Bundestags für jeweils zwölf Jahre gewählt. Eine Wiederwahl ist nicht möglich, die Richter gehen mit spätestens 68 Jahren in den Ruhestand. Bei der Wahl des Präsidenten und des Stellvertreters wechseln sich Bundestag und Bundesrat ab. Die Urteile fallen nach **Mehrheitsbeschlüssen** des zuständigen Senats. Die von der Mehrheit überstimmten Richter können ihre Auffassung in einem **Minderheitsvotum** der Öffentlichkeit darlegen.

Aufgaben

Das Bundesverfassungsgericht besitzt verschiedene Zuständigkeiten:

- **Verfassungsbeschwerden:** Bürger, die glauben, durch Gesetze, Verwaltungsentscheidungen oder Rechtsprechung in ihren Grundrechten verletzt worden zu sein, können nach dem Ausschöpfen des Rechtswegs über alle Instanzen Verfassungsbeschwerde einlegen (z. B. Kruzifixstreit).
- **Verfassungsstreitigkeiten** zwischen obersten Bundesorganen, Bund und Ländern sowie zwischen den einzelnen Ländern über die Auslegung des Grundgesetzes bezüglich der Rechte und Pflichten der genannten Organe (Beispiel: Auslandseinsätze der Bundeswehr).
- Maßnahmen zur **Sicherung der Demokratie:** Parteienverbot, Verwirkung von Grundrechten (Beispiel: NPD-Verbotsverfahren).
- **Normenkontrollverfahren:** Man unterscheidet hier zwischen zwei verschiedenen Verfahren. Die **konkrete Normenkontrolle** kann von Gerichten bei der Verhandlung eines Falles beantragt werden, wenn im Lauf der Verhandlung Zweifel an der Verfassungsmäßigkeit der dem Verfahren zugrunde liegenden Gesetze aufkommen (z. B. Besitz geringfügiger Mengen von Haschisch). Die **abstrakte Normenkontrolle** kann von Verfassungsorganen beantragt werden, wenn grundsätzliche Zweifel an der Verfassungsmäßigkeit von Gesetzen bestehen. Die abstrakte Normenkontrolle wird in der Praxis von der **Parlamentsopposition** oder von **Landesregierungen, die von den Oppositionsparteien getragen werden**, angestrengt, um Entscheidungen der Bundesregierung und der Bundestagsmehrheit zu revidieren (z. B. Zuwanderungsgesetz).

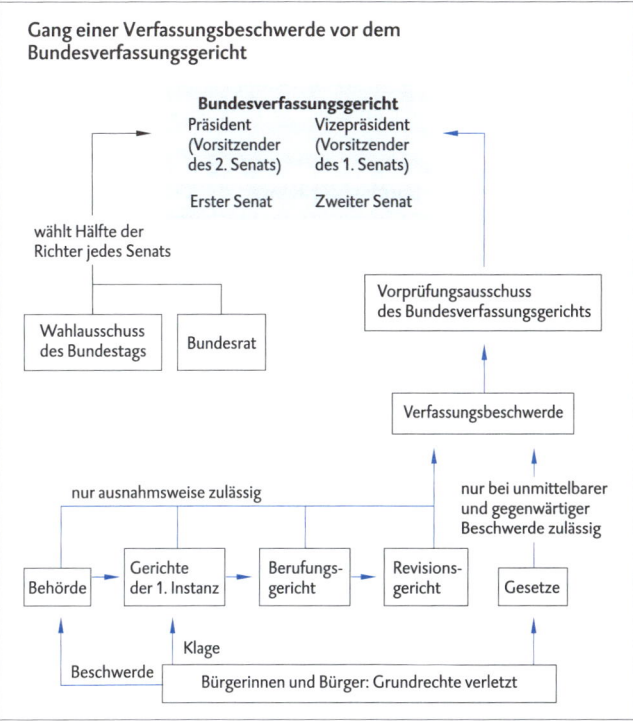

Gang einer Verfassungsbeschwerde vor dem Bundesverfassungsgericht

Bundesverfassungsgericht
Präsident (Vorsitzender des 2. Senats)   Vizepräsident (Vorsitzender des 1. Senats)

Erster Senat   Zweiter Senat

wählt Hälfte der Richter jedes Senats

Wahlausschuss des Bundestags

Bundesrat

Vorprüfungsausschuss des Bundesverfassungsgerichts

Verfassungsbeschwerde

nur ausnahmsweise zulässig

nur bei unmittelbarer und gegenwärtiger Beschwerde zulässig

Behörde

Gerichte der 1. Instanz

Berufungsgericht

Revisionsgericht

Gesetze

Klage

Beschwerde

Bürgerinnen und Bürger: Grundrechte verletzt

Politische Bedeutung

Durch Urteile des Bundesverfassungsgerichts wurden häufig politische **Entscheidungen größerer Tragweite** (steuerliche Behandlung von Familien, Zuwanderungsgesetz, Schwangerschaftsabbruch) gefällt. Dabei beschränkte sich das Gericht teilweise darauf, beschlossene Gesetze als nicht verfassungskonform zurückzuweisen. In anderen Fällen, wie etwa der steuerlichen Behandlung von Familien, machte es jedoch dem Gesetzgeber **Vorgaben**, nach denen dieser seine Regelungen ausrichten muss. Damit gerät das Gericht in Gefahr, die Grundregel der **richterlichen Selbstbeschränkung** zu verlassen und selbst aktiv gestaltend in die Politik einzugreifen. Diese Rolle steht ihm jedoch nach der Lehre der Gewaltenteilung nicht zu. Dementsprechend stand das Verhalten des Bundesverfassungsgerichts in den letzten Jahren mehrmals auch in der Kritik.

4.9 Der Bundespräsident

Rolle und Aufgaben des Bundespräsidenten

Der Bundespräsident ist das **Staatsoberhaupt** und bekleidet damit protokollarisch das höchste Amt im Staat. Seine Funktionen sind durch das Grundgesetz definiert.

Im Vergleich zu anderen Staatsoberhäuptern bzw. Präsidenten sind die **politischen Rechte des Bundespräsidenten stark begrenzt**. So kann er keine „Notverordnungen" erlassen, hat keinen Oberbefehl über die Streitkräfte und kann den Kanzler nicht alleine bestimmen. Der Grund hierfür ist der Missbrauch der umfangreichen Aufgaben und Befugnisse, die die Weimarer Verfassung dem Reichspräsidenten zugesprochen hatte. Vor dem Hintergrund dieser Erfahrung sollte die Rolle des Bundespräsidenten außerhalb der Tagespolitik liegen.

Zu den Funktionen des Bundespräsidenten gehören:

- die **Repräsentation** der Bundesrepublik Deutschland nach innen und außen (etwa durch Reden, durch sein öffentliches Auftreten bei staatlichen und kulturellen Veranstaltungen, durch Staatsbesuche im Ausland und den Empfang ausländischer Staatsgäste sowie durch Besuche in den verschiedenen Regionen Deutschlands),
- die **völkerrechtliche Vertretung** der Bundesrepublik Deutschland, d. h. die Unterzeichnung von internationalen Verträgen, die Beglaubigung der deutschen Diplomaten im Ausland und die Bestätigung der ausländischen Diplomaten in Deutschland,
- das Schaffen eines Ausgleichs zwischen den verschiedenen politischen Meinungen innerhalb Deutschlands **(Integrationsfunktion)**,
- sogenannte **Reservevollmachten**, die zum Tragen kommen, wenn es einen Gesetzgebungsnotstand gibt, wenn ein Bundeskanzler eine Vertrauensfrage verloren hat und wenn eine Minderheitsregierung gewählt wurde,
- die **Unterzeichnung und Prüfung von Gesetzen**, die vom Bundestag (und Bundesrat) beschlossen wurden.

Wahl

Der Bundespräsident wird von der **Bundesversammlung** gewählt. Sie besteht aus den Bundestagsabgeordneten und einer gleichen Anzahl von Mitgliedern, die von den Volksvertretungen der Länder entsandt werden. Die Wahl des Bundespräsidenten ist ihre einzige Aufgabe. Der Bundespräsident muss ein Deutscher oder eine Deutsche sein, das Wahlrecht zum Bundestag besitzen und das 40. Lebensjahr vollendet haben. Die Amtszeit beträgt fünf Jahre. Eine anschließende Wiederwahl ist nur einmal zulässig.

Sozialstruktur und sozialer Wandel in Deutschland

Viele Gesellschaften der industrialisierten Welt waren in den letzten Jahren einem bedeutenden sozialen Wandel unterworfen.

1   Grundlagen

Soziologie ist die Wissenschaft, die sich mit dem **Zustand und Wandel der Gesellschaft** beschäftigt. Vor einer näheren Betrachtung der Sozialstruktur und des sozialen Wandels in der Bundesrepublik müssen daher einige Schlüsselbegriffe und Merkmale dieser Wissenschaft geklärt werden.

1.1   Zentrale Begriffe der Soziologie

Gesellschaft
Der Begriff **Gesellschaft** bedeutet ein **relativ dauerhaftes Gefüge von Menschen und deren Handlungen**. Gesellschaft ist die historisch konkrete Gesamtheit der zwischenmenschlichen Beziehungen, sozialen Gruppen und Gebilde. Wesentliches Merkmal ist auch die **Schichtung und Gliederung** in Gruppen, Stände, Verbände, Gemeinschaften, Berufe und anderes, die sich u. a. durch Lebensweisen, Gewohnheiten, Einkommen, Sitten und Bildung voneinander unterscheiden. Gesellschaften sind nicht statisch, sondern **dynamisch**, d. h., sie unterliegen einem dauernden **sozialen Wandel**. Dieser Begriff bezeichnet die grundlegenden strukturellen Veränderungen innerhalb einer Gesellschaft, deren Beschreibung und die Suche nach inneren und äußeren Ursachen für diese Veränderungen.

Sozialstruktur
Die Sozialstruktur ist das **relativ stabile Skelett einer Gesellschaft**; sie umschließt die wichtigsten Merkmale und Beziehungen von Bevölkerungsgruppen. Ein wichtiges Kriterium ist dabei das Ausmaß sozialer Ungleichheit.

Moderne Industriegesellschaft
Der Begriff **moderne Industriegesellschaft** ordnet den Zustand der bundesdeutschen Gesellschaft historisch ein. Die Gesellschaften Mitteleuropas und der Vereinigten Staaten sind bereits im Laufe des 19. Jahrhunderts zu modernen Industriegesellschaften geworden – andere Gesellschaften der Erde befinden sich nach wie vor im Stadium der Entwicklung hin zu einem Industriestaat. Ermöglicht wurde die Entwicklung europäischer Staaten zu modernen Industriegesellschaften erst durch die Ideen der Aufklärung, die eine umfassende Modernisierung nach sich zogen. Leitlinien dieser Geistesströmung sind Fortschrittsglaube, Recht auf individuelle Freiheiten, Verweltlichung (Säkularisierung) und Rationalität (an Nutzen und Effektivität orientiertes Denken).

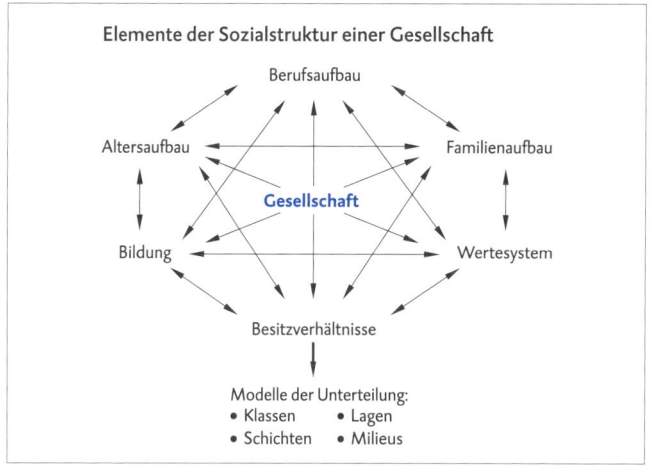

1.2 Merkmale der Sozialwissenschaften

Die Sozialwissenschaften, die den Menschen und das menschliche Miteinander untersuchen, weisen spezifische Merkmale auf, die sie von anderen
Wissenschaften abheben. So unterliegt der Untersuchungsgegenstand einem **permanenten Wandel** und einer **hohen Komplexität**. Beides führt
dazu, dass im Gegensatz zu den Naturwissenschaften kaum allgemein
gültige Gesetze aufgestellt werden können. Ein weiteres Merkmal ist die
Methodik: Die Soziologie erlangt ihre Erkenntnisse größtenteils aus **empi-
rischen, also auf Erfahrung und Beobachtung beruhenden Untersuchungen**. Durch Beschreibungen und statistische Einordnungen der Wirklichkeit soll diese erfasst und vergleichbar gemacht werden.

Dies führt aber zu einer Reihe von **Problemen**. Da nur Ausschnitte der
Wirklichkeit herangezogen werden, stellt sich die **Frage der Repräsenta-
tivität**, also der Übertragbarkeit der Erkenntnisse. Auch besteht die Gefahr
der **Manipulation** durch die gezielte Auswahl der Art der Ergebnispräsen-
tation. So können Grafiken und Statistiken objektiv falsche Schlüsse sugge-
rieren. Hintergrund solcher Manipulationen sind z. B. die Interessen von
Auftraggebern bestimmter Untersuchungen. Problematisch ist außerdem,
dass sich die Beschreibung der Gesellschaft des Mediums der **Sprache**
bedienen muss. Dies führt oft zu (un-)gewollten Nebenwirkungen durch die
Art der Formulierung, die bestimmte Wertungen beinhaltet bzw. nahe legt.

2   Altersstruktur

Unter Altersstruktur, auch Altersschichtung, Altersaufbau oder Altersgliederung genannt, versteht man die **Gliederung einer Gruppe oder einer Bevölkerung nach dem Umfang ihrer Jahrgangsgruppen**. Sie ist ein zentraler Gegenstand der Bevölkerungswissenschaft und kann Aufschluss über Wachstums- oder Schrumpfungsprozesse der Bevölkerung geben.

2.1   Modelle, Faktoren und Entwicklungsphasen

Der Aufbau der Altersstruktur einer Gesellschaft wird meist in einem Diagramm dargestellt. Man unterscheidet hierbei zwischen vier Grundtypen:

- **Pyramidenform:** Die Zahl der Geburten ist ständig zunehmend; die Bevölkerung als Ganzes wächst.
- **Glockenform:** Die Zahl der Geburten ist Jahr für Jahr annähernd gleich; die Sterblichkeit entspricht in etwa westeuropäischen Verhältnissen, der Bevölkerungsaufbau bleibt konstant. Dies ist die Form, die den Altersaufbau in Deutschland ungefähr widerspiegelt.
- **Zwiebelform:** Die mittleren Jahrgänge der Bevölkerung sind besonders stark vertreten, etwa aufgrund eines anhaltenden Geburtenrückgangs; die Bevölkerungszahl nimmt ab und die Gesellschaft droht zu überaltern.
- **Spitzenform:** Sie stellt den Altersaufbau einer primitiven Gesellschaft dar; eine hohe Säuglings- und Kindersterblichkeit lässt die Bevölkerung schnell zusammenschrumpfen, sodass sich aus einem breiten Unterbau eine dünne Pyramide hervorhebt.

Bedingungsfaktoren

Die Entwicklung der Bevölkerungsstruktur lässt sich auf drei Faktoren zurückführen:

- **Lebenserwartung:** Hierzu zählt sowohl die durchschnittliche Lebenserwartung als auch die gesonderte Entwicklung bei Neugeborenen und Kindern. Abhängig ist die Lebenserwartung vor allem vom wirtschaftlichen und medizinischen Stand einer Gesellschaft.
- **Generatives Verhalten der Bevölkerung:** Darunter versteht man die absolute und relative Entwicklung der Geburtenzahlen. Beeinflusst wird dies durch die Zahl der Ehen, die Zahl der Kinder pro Ehe und den wirtschaftlich-kulturellen Stand einer Gesellschaft.
- **Bevölkerungswanderung:** Darunter versteht man den Ab- oder Zuzug von Bevölkerungsgruppen durch Aus- oder Einwanderung (Migration).

Entwicklungsphasen im Industrialisierungsprozess

Innerhalb des Prozesses der Industrialisierung unterscheiden die Soziologen zwischen vier Phasen der Bevölkerungsentwicklung.

- **Agrarische Bevölkerungsstruktur:** Sie ist gekennzeichnet durch eine stabile Tendenz auf hohem Niveau mit einzelnen, auf bestimmte Ereignisse wie Krieg oder Hungersnöte zurückzuführenden Schwankungen. Sie ist Folge einer hohen Kindersterblichkeit und geringen Lebenserwartung bei einer hohen Kinderzahl pro Familie.
- **Früh-industrielle Bevölkerungsstruktur:** Durch eine stabile Geburtenrate und eine wachsende Lebenserwartung durch medizinische Fortschritte und verbesserte Ernährung kommt es zu einem starken Wachstum der Bevölkerung und einer Verjüngung der Gesellschaft.
- **Übergangsperiode:** Bei einer stabilen Sterberate sinkt die Geburtenrate, sodass das Wachstum der Bevölkerung abflacht. Ursachen hierfür sind die Verstädterung, der Wegfall der Altersvorsorge durch Kinder sowie eine geringere Säuglingssterblichkeit.
- **Industrielle Bevölkerungsstruktur:** Sterbe- und Geburtenrate pendeln sich ein, sodass der Bevölkerungsaufbau auf niedrigem Niveau stabilisiert wird. In Deutschland ist wie in anderen hoch entwickelten Industrienationen seit längerer Zeit ein Bevölkerungsrückgang festzustellen.

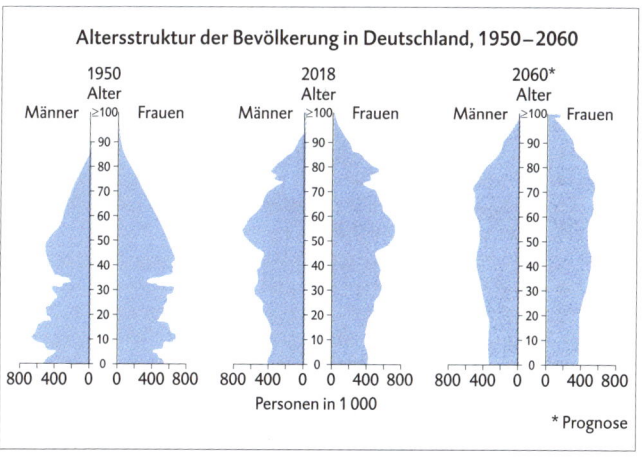

Altersstruktur der Bevölkerung in Deutschland, 1950–2060

Personen in 1 000

* Prognose

2.2   Bevölkerungspolitik

Unter Bevölkerungspolitik versteht man **staatliche Maßnahmen**, die den Umfang, die Zusammensetzung oder räumliche Verteilung einer Bevölkerung betreffen. Dazu gehören u. a. Geburtenregelung, Gesundheitspolitik und die Regelung von Ein- und Auswanderung. Zu den **gesellschaftlichen Faktoren**, die das generative Verhalten beeinflussen, gehören die allgemeine wirtschaftliche Lage, der Arbeits-, Wohnungsmarkt, Familienbeihilfen, Steuersystem, Gesundheitsvorsorge, Sicherung bei Krankheit/Unfall/Alter, Kinderbetreuungseinrichtungen, rechtliche Regelung von Ehe und Schwangerschaftsunterbrechung sowie Leitvorstellungen über Ehe/Elternschaft.

Entwicklung in Deutschland

Bis in die 1960er-Jahre durchlief Deutschland den Prozess zu einer industriellen Bevölkerungsstruktur. Seit **Mitte der 1960er-Jahre** nimmt der in allen Industriegesellschaften zu beobachtende **Geburtenrückgang** durch den sogenannten Pillenknick ganz neue Dimensionen an. Zwar war 2016 in Deutschland wieder ein leichter Anstieg der Geburten zu verzeichnen, allerdings kann dieser den Rückgang der letzten Jahrzehnte nicht einmal annähernd aufholen. Die Ursachen für niedrige Geburtenraten sind vor allem im **Wertewandel** zu sehen. Eine direkte Folge ist die in Deutschland besonders stark ausgeprägte Überalterung und dadurch auch Schrumpfung der Bevölkerung.

Die veränderte Bevölkerungsstruktur in der Bundesrepublik Deutschland zwingt die Gesellschaft und ihre Institutionen zu einer ernsthaften Auseinandersetzung mit den daraus resultierenden Problemen. Im Brennpunkt der Diskussion steht dabei die Frage der **Altersversorgung**. Zum einen geht es hier in materieller Hinsicht um die Funktionsfähigkeit des Rentensystems, das auf dem Prinzip des **Generationenvertrags** basiert (erwerbstätige aktive Generation versorgt die Rentengeneration über Transferzahlung mit Einkommen). Zum anderen wird die Diskussion auch unter einem allgemein menschlichen und sozialen Aspekt im Hinblick auf die Betreuung und Pflege alter Menschen geführt. Darüber hinaus könnte das Verhältnis zwischen Jung und Alt auch zu einem grundsätzlichen Generationenkonflikt führen, bei dem es um die Verteilung von Ressourcen, um politische Entscheidungen und um Innovationen der Gesellschaft geht.

Weitere durch den Geburtenrückgang bedingte Problemfelder sind z. B. die **Infrastruktur**, die auf eine ganz andere Größe und Zusammensetzung der Bevölkerung zugeschnitten ist, oder das **soziale Klima**, das durch die wachsende Zahl von Einzelkindern und auch älteren Menschen ohne familiäre Beziehung zur nachwachsenden Generation verändert werden könnte.

Reaktionen der Politik

Aufgabe der Politik ist es, einerseits **Vorsorgemaßnahmen für den Fall des Eintretens einer Überalterung** zu treffen (Reform der Alterssicherung, Pflegeversicherung etc.) und andererseits zu versuchen, geeignete **Maßnahmen gegen die Überalterung der Gesellschaft** zu finden.

Hierfür gibt es zwei Ansatzpunkte: zum einen die Beeinflussung des generativen Verhaltens, um die Zahl der Geburten zu erhöhen, und zum anderen eine gezielte Einwanderung, die den Altersaufbau der Gesellschaft verändert. Möglichkeiten einer **pro-natalistischen Politik, die zu einer höheren Geburtenrate führen soll**, sind:

- direkte und indirekte finanzielle Unterstützung, z. B. Kindergeld, BAföG;
- soziale Rahmenbedingungen, Infrastruktur, z. B. familiengerechte Wohnungen, Kindergartenplätze, Ausbildungsmöglichkeiten;
- rechtliche Rahmenbedingungen, z. B. Kündigungsschutz für Schwangere, Mutterschutz, Erziehungsurlaub, Erleichterung von Teilzeitarbeit;
- Aufklärung, Meinungsbildung, z. B. durch Öffentlichkeitsarbeit;
- Nebenpolitiken, die ein familienfreundlicheres Umfeld schaffen, z. B. im Bereich von Umwelt oder Wirtschaft.

Zu einem immer wichtigeren Faktor für die Bevölkerungsentwicklung ist in den letzten Jahrzehnten die **Migration**, d. h. vor allem der Zuzug von Gastarbeitern, Flüchtlingen, Asylsuchenden und Spätaussiedlern, geworden. Nach Berechnungen von UN-Experten benötigt die Bundesrepublik – allein um die Bevölkerungszahl bis 2050 auf dem jetzigen Stand zu halten – eine jährliche Einwanderung von 324 000 Menschen. Im Zuge der Flüchtlingskrise 2015/2016 kamen zwar erstmals seit Jahren wieder sehr viele Menschen nach Deutschland, allerdings ist noch nicht abzusehen, wie viele langfristig in Deutschland bleiben und als Arbeitskräfte zur Verfügung stehen.

Daraus ergibt sich die Notwendigkeit, die **Rahmenbedingungen künftiger Zuwanderung** festzulegen, besonders bei der Bestimmung einer Gesamtzahl und der Möglichkeiten zur qualitativen Steuerung des Zuzugs. Hierzu gehört auch eine Diskussion über die Aufnahmebereitschaft der deutschen Bevölkerung und über Wege zur besseren Integration.

Lange Zeit war daher ein Zuwanderungsgesetz Gegenstand heftiger politischer Kontroversen. Mittlerweile scheint sich jedoch ein Konsens abzuzeichnen, dass Zuwanderung zur Korrektur der Schieflage im Altersaufbau sinnvoll ist, aber auch die Ängste und Bedenken innerhalb der bereits ansässigen Bevölkerung berücksichtigt werden müssen, ohne dass aus Respekt vor der kulturellen Identität von Zuwanderern der Anspruch auf Assimilation erhoben werden darf. Unbestritten ist, dass eine **verstärkte Sprachförderung** für Zuwanderer unabdingbare Voraussetzung für eine gelungene Integration darstellt.

3   Familienstruktur

Unter Familienstruktur versteht man das relativ beständige **normativ-orientierte Beziehungsmuster** zwischen den Inhabern der in einem bestimmten Familiensystem enthaltenen Rollen. Innerhalb einer Familienstruktur treten verschiedene Formen von Familien in Erscheinung, wobei im Folgenden nur die wichtigsten genannt werden:

- Die **bürgerliche Familie**, die die patriarchalische Familie bezeichnet, in der die Autorität des Vaters durch unternehmerische Leistung und vererbbaren Familienbesitz begründet ist.
- Die **halb-patriarchalische Familie** mit erheblich geschwächter, aber noch vorhandener Dominanz des Ehemanns und Vaters.
- Die **egalitäre Familie**, in der aufgrund beruflicher oder ehrenamtlicher Tätigkeit der Frau die Gleichheit der Ehegatten sowie die relative Autonomie der Kinder anerkannt sind.
- Die **erweiterte Familie**, in der eine größere Zahl von Verwandten den Familienverband bildet, in dem entweder mehrere Generationen oder generationsgleiche erwachsene Verwandte zusammen leben.

Moderne Industriegesellschaften unterliegen zwei Phänomenen: Zum einen ist eine **Familien-Desintegration** zu beobachten, also ein Prozess der relativen Ausgliederung der Familie aus zentralen gesellschaftlichen Bereichen und der Abgabe von Funktionen an andere gesellschaftliche Einrichtungen, der begleitet wird von der Verkleinerung der Familie. Zum anderen findet eine **Familien-Desorganisation** statt. Hiermit wird die mangelnde innere Stabilität der Familie in den industriell entwickelten Gesellschaften bezeichnet, die durch Auflösung oder Abschwächung der Familienbeziehungen (Trennung, Scheidung, Arbeitsbedingungen) verursacht wird.

3.1   Wandel der Familienstrukturen

Das Muster der traditionellen deutschen Familie stammt aus den 1950er- und 1960er-Jahren der Bundesrepublik und wird als **moderne Kleinfamilie** oder **privatisierte Kernfamilie** bezeichnet. Sie löst seit Beginn der Industrialisierung die Großfamilie als dominierende Lebensform ab.

Diese Form der in den 50er- und 60er-Jahren geprägten Familie wies folgende Merkmale auf:

- Es bestand eine Haushaltsgemeinschaft zwischen einem verheirateten Paar und dessen in der Regel leiblichen, unmündigen Kindern;

- die Entscheidung für die auf Dauer angelegte Ehe und für Kinder beruhte auf Liebe und Zuneigung, kaum noch auf wirtschaftlichen Überlegungen;
- Wohn- und Arbeitsstätte waren räumlich getrennt;
- es herrschte zumeist die traditionelle **Rollenverteilung** innerhalb der Geschlechter: Der Vater war vorwiegend Ernährer, besaß die höchste Autorität und organisierte die Außenbeziehungen der Familie; der Mutter oblagen Haushalt, emotionaler Bereich und die Innenbeziehungen.

Die moderne Kleinfamilie besaß eine starke normative Verbindlichkeit und Akzeptanz und erhob ein Reproduktionsmonopol in der Gesellschaft. Durch die **demografische Entwicklung** und den **Wandel der Lebensformen** seit den 60er-Jahren hat die moderne Kleinfamilie ihre dominante Stellung eingebüßt und befindet sich in **Konkurrenz mit zahlreichen anderen Lebensmodellen**. Indikatoren hierfür sind wenig Eheschließungen und Geburten sowie viele Scheidungen. Der Wandel der Haushalts- und Familienstruktur zeigt sich in der ansteigenden Zahl der **Alleinerziehenden** und der **kinderlosen Ehepaare** sowie der **nicht-ehelichen Lebensgemeinschaften**. Durch die hohe Zahl von Scheidungen entstehen zudem sog. Patchwork-Familien, in denen Kinder unterschiedlicher Herkunft miteinander leben, z. B. die Kinder beider Partner aus deren früheren Beziehungen sowie deren gemeinsame Kinder.

Als Ursache für diesen Prozess wird der seit den 1960er-Jahren beschleunigte **Wertewandel** gesehen. Für die einzelne Person eröffnet sich im Zuge des **Individualisierungsprozesses** eine größere Vielfalt an Auswahl und Entscheidungsmöglichkeiten für die eigene Lebensgestaltung. Hinzu kommt der soziale Wertewandel, durch den traditionale Pflicht- und Akzeptanzwerte an Bedeutung verlieren, während Selbstentfaltungswerte höher eingestuft werden. Das Zusammenwirken von Individualisierungsprozessen und sozialem Wertewandel führt zu einem **Freisetzungsprozess**, der einerseits einen Gewinn an Spielraum und Handlungsmöglichkeiten, andererseits auch einen Verlust an Verlässlichkeit und Sicherheit und dadurch das Entstehen neuer Abhängigkeiten bedeutet. Besonders stark wirksam wird dieser Individualisierungsprozess in der **Lebensbiografie der Frauen**. Aus dem traditionalen Dasein für andere (Familie, Eltern) wurde immer stärker die Gestaltung eines selbstbestimmten Lebens.

Verantwortlich für diesen Wandel der Familienstrukturen sind u. a.:

- Die Angleichung der Bildungschancen;
- die Technisierung der Haushalte;
- die Reform des Familienrechts (vor allem des Scheidungsrechts 1976);
- die einfachere Geburtenkontrolle;
- der Bewusstseinswandel durch die 68er-Generation.

3.2   Bedeutung der Familie und die Reaktion der Politik

Familien erfüllen eine Vielzahl von **Aufgaben für die Gesellschaft**. Zusammengefasst ergeben sich folgende Funktionen:

- **Generative Funktion:** Funktion der Familie, für die Erhaltung der Gesellschaft zu sorgen.
- **Haushaltsfunktion:** Bereitstellung eines Rahmens für die Familie, innerhalb dessen sämtliche andere Funktionen überhaupt erst erfüllt werden können (wie z. B. Kleidung, Ernährung und Wohnung).
- **Erziehungsfunktion:** Dies bedeutet vor allem die Übermittlung der gesellschaftlichen Normen, Werte und Rollenbilder an die Kinder.
- **Platzierungsfunktion:** Hierbei ist in erster Linie die Verantwortung der Eltern für die schulische und berufliche Entwicklung der Kinder und deren Platzierung im gesellschaftlichen Gefüge gemeint.
- **Erholungsfunktion:** Dies umfasst alle Aktivitäten der Familie, die dafür sorgen, dass die Familienmitglieder Erholung von ihrem Alltag finden.

Wandel der Anforderungen

Einige dieser Funktionen werden **zunehmend auch von staatlichen Organen** erfüllt, z. B. die Erziehungs- oder Platzierungsfunktion. Allerdings ist es problematisch, in diesem Zusammenhang von einem Bedeutungsverlust der Familie zu sprechen, da gleichzeitig eine Reihe neuer Anforderungen an sie gestellt werden.

So gewinnt die Familie angesichts der stetig wachsenden Komplexität des öffentlichen und privaten Lebens immer stärkere Bedeutung beim **Ausgleich psychischer Spannungen und sozialer Konflikte**. Institutionen wie Kindergarten, Schule und Vereine bedeuten ebenfalls einerseits eine Entlastung der Familien, andererseits aber auch die Aufgabe, die Integration der Familienangehörigen in diese Institutionen zu leisten.

Auf der anderen Seite stellt es für die Politik eine wichtige Herausforderung dar, wenn Familien die ihnen zugewachsenen Aufgaben nicht oder nur unzureichend erfüllen. Ein umfangreiches und kostenintensives Netz an **Fürsorge-Einrichtungen und -Angeboten** versucht hier Defizite auszugleichen. Dennoch besteht etwa in der schulischen Bildung, belegt u. a. durch die Pisa-Studie, ein enger **Zusammenhang zwischen sozialem Status der Familie und schulischer Leistung**.

Insbesondere Kinder aus Familien mit nichtdeutscher Muttersprache weisen einen erhöhten Förderbedarf auf, dem bisher jedoch noch nicht ausreichend Rechnung getragen wird.

Familienpolitik

Unter Familienpolitik wird das bewusste, zielgerichtete und planvolle **Einwirken öffentlicher und freier Träger** auf die rechtliche, wirtschaftliche und soziale Lage von Familien, auf ihre Mitglieder und ihre Umwelt verstanden. Sie orientiert sich am Grundgesetz, in dem einerseits Ehe und Familie unter den besonderen Schutz des Staates gestellt und andererseits die Freiheits- und Selbstbestimmungsrechte ihrer Mitglieder betont werden, was normalerweise direkte Eingriffe des Staates in die Familie ausschließt. Offen ist jedoch, wie weit der Familienbegriff des Grundgesetzes zu fassen ist. So wird von vielen Seiten dafür plädiert, auch nicht-eheliche Lebensgemeinschaften in die staatliche Förderung einzubeziehen.

Familienpolitik kann entweder mehr auf die Familie als Ganzes (als Institution, Gruppe, System, usw.) oder auf die einzelnen Familienmitglieder bezogen sein – daraus resultieren in der Praxis oft Probleme. Familienpolitik kann aber auch gesamtgesellschaftlich orientiert sein, dann wird sie entweder an den Funktionen der Familie, den Phasen der Familienentwicklung oder den besonderen Belastungen bestimmter Gruppen von Familien ausgerichtet. Familienpolitik in Deutschland ist vor allem **Umverteilung von Geldmitteln** zugunsten von Familien, auf Kosten der Gesamtbevölkerung, damit Familien ihre Aufgaben im Sinne der Allgemeinheit erfüllen können.

In der aktuellen Diskussion beherrschen vor allem zwei Themen die Familienpolitik. So ist die **finanzielle Belastung**, die Kinder für eine Familie bedeuten, eine wichtige Problematik. Es wird diskutiert, ob Familien mit Kindern weitere steuerliche Entlastungen oder direkte staatliche Hilfen wie Erziehungsgeld in den ersten Lebensjahren erhalten sollen. Diese Frage wird im Zusammenhang mit der demoskopischen Entwicklung und vor dem Hintergrund der Rentenfinanzierung diskutiert.

Das zweite Thema hat einen engen Bezug zum ersten, nämlich die **Vereinbarkeit von Familie und Beruf**. Die finanzielle Belastung durch Kinder wird nicht nur durch die damit verbundenen Mehrausgaben, sondern auch durch den Verdienstausfall durch Kinderbetreuung verursacht. Deshalb hat es sich die Politik zur Aufgabe gestellt, durch **erweiterte Betreuungsangebote** für Kinder im Vorschul- und Schulalter die Erwerbstätigkeit beider Eltern oder von Alleinerziehenden zu erleichtern. Außerdem erhofft man sich durch gezielte pädagogische Angebote und Förderung gerade für Kinder aus sozial schwachen Familien eine Erhöhung des Bildungsniveaus sowie eine Entzerrung des Zusammenhangs zwischen der sozialen Herkunft und der schulischen Bildung. Hierzu gehören insbesondere Sprachkurse und eine gezieltere und umfassendere Frühförderung von Vorschulkindern und der Ausbau von Ganztagsschulen.

4 Berufsstruktur

In einer modernen Industriegesellschaft wie der Bundesrepublik Deutschland spielt der Beruf sowohl für das private als auch für das öffentliche Leben eine entscheidende Rolle. Die Soziologie beschäftigt sich daher mit der Berufsstruktur einer Gesellschaft. Dabei differenziert sie mittels statistischer Methoden nach unterschiedlichen Dimensionen wie Tätigkeitsart, Qualifikationsniveau, Wirtschaftszweige, arbeitsrechtliche Stellung oder Besitz der Produktionsmittel.

4.1 Modelle der Gliederung und ihres Wandels

Es gibt unterschiedliche Möglichkeiten, Berufe zu klassifizieren. So unterscheidet man z. B. nach folgenden Kriterien:

- **Art der Tätigkeit:** körperlich, handwerklich, künstlerisch, planend, leitend.
- **Wirtschaftsbereiche:** Industrie, Land-, Forstwirtschaft und Fischerei, Handwerk, Handel und Gewerbe etc. Diese Wirtschaftsbereiche werden auch in drei Sektoren gegliedert: Den primären (Erzeugung und Gewinnung von Rohstoffen, wie Land- und Forstwirtschaft), den sekundären (produzierende Industrie) und den tertiären (Dienstleistungsbereich).
- **Arbeits- und sozialrechtliche Stellung:** Selbstständige und Freiberufler, mithelfende Familienangehörige, Arbeiter, Angestellte, Beamte. Hierbei ist ein Abbau der Unterschiede zwischen Arbeitern und Angestellten zu beobachten, die zur einheitlichen Gruppe der Arbeitnehmer verschmelzen.
- **Ausbildung, Qualifikation:** Akademiker, Meister, Facharbeiter, Angelernte, Ungelernte oder ohne Schulabschluss, Haupt-/Mittelschule, Mittlere Reife, Abitur, Fachabitur, Studium.

Veränderungen in der Arbeitswelt

Der primäre Sektor, also die Urproduktion, nimmt seit dem Einsetzen der Industrialisierung vor 150 Jahren stetig ab, während der sekundäre Sektor als eigentlicher Industriebereich stark anwuchs. Zwar nimmt die Produktion auch heute noch zu, jedoch sinkt die Zahl der Beschäftigten mittlerweile aufgrund der Automatisierung. Eine drastische Zunahme erfährt dementsprechend in den letzten Jahrzehnten der Dienstleistungssektor. Um den Wandel in der spät-industrialisierten Gesellschaft besser erfassen zu können, wurde das Modell der drei Sektoren weiter verfeinert. So differenziert man den tertiären Sektor nach **primären Dienstleistungen**, die allge-

meine Dienste wie Reinigen oder Bewirten, Bürotätigkeiten und Handels-
tätigkeiten umfasst – dieser Bereich wird vermutlich ebenfalls zurück-
gehen. Weiteres Wachstum prophezeit man jedoch den **sekundären
Dienstleistungen** mit Tätigkeiten wie Forschen und Entwickeln, Betreuen,
Beraten, Lehren, Publizieren, Organisieren und Managen. Im Rückgang sind
dagegen die produktionsorientierten Dienstleistungen, die solche Tätigkeiten wie Reparieren oder Maschinen einrichten und warten bezeichnen.

Als neuer und bedeutender **vierter Wirtschaftssektor** gilt mittlerweile
der **Informationssektor**, in ihm sind alle Berufe zusammengefasst, die für
die anderen drei Sektoren notwendige Informationstechniken herstellen
und verwalten. Während die erste Phase der Industrialisierung den Wandel
von der Agrar- zur Industriegesellschaft bedeutet, befindet sich die Bundesrepublik heute bereits im Wandel von einer Dienstleistungs- hin zu einer
Hochtechnologie- oder Informationsgesellschaft.

Wandel der Qualifikationsstruktur

Eine immer stärkere Ausdifferenzierung der Berufsstruktur sowie ständiger
und beschleunigter technologischer Wandel erfordern eine **immer höhere Qualifikation** der Berufstätigen. Die Anforderungen können durch eine
Erstausbildung nach der Schulzeit nicht mehr auf Dauer erfüllt werden,
berufliche Weiter- und Fortbildung nach dem Prinzip des **lebenslangen
Lernens** sowie eine höhere berufliche Mobilität sind Antworten darauf.

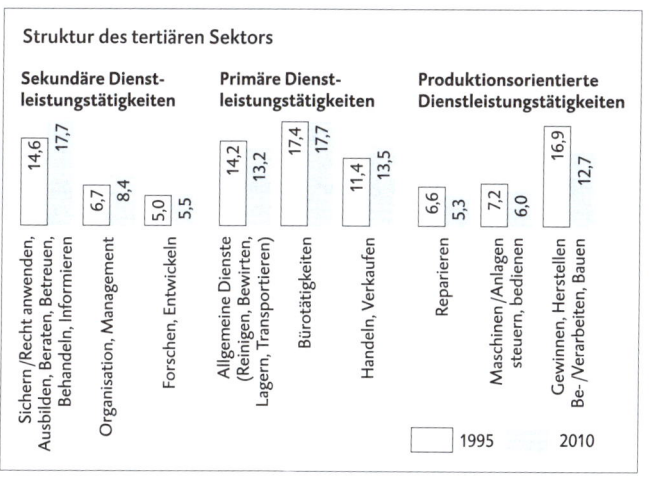

Struktur des tertiären Sektors

4.2   Ursachen und Folgen des Strukturwandels

Die genannten Veränderungen in der Berufsstruktur Deutschlands sind im Wesentlichen auf **technische und wirtschaftliche Entwicklungen** zurückzuführen. Eine weitere Ursache ist der **Wertewandel** in den Bereichen Beruf und Arbeit.

Durchsetzung neuer Schlüsseltechnologien
In den letzten Jahren haben sich in vielen Bereichen moderne Schlüsseltechnologien durchgesetzt:

- Die **Mikroelektronik** in der Datenverarbeitung, bei der Herstellung von Unterhaltungselektronik und in der Industrie; die **Informations- und die Kommunikationstechnik**, vor allem bei Banken, im Handel und in der Verwaltung; die **Bio- und Gentechnologie** in der Medizin und Nahrungsmittelindustrie;
- **neue Werkstoffe** wie Keramik und Polymere, so z. B. in der Automobilindustrie und im Maschinenbau;
- die **Sensortechnik** bei der Herstellung von elektrischen Geräten und die Lasertechnik, z. B. in der Metallbearbeitung, der Medizin und der Mess- und Prüftechnik.

Diese Schlüsseltechnologien verändern die Erwerbstätigen- und Qualifikationsstruktur sowie die Arbeitsverhältnisse. Viele Arbeitsplätze und Arbeitsbereiche fallen durch ihren Einsatz weg, gleichzeitig werden aber auch neue Arbeitsbereiche und -verhältnisse geschaffen.

EU-Binnenmarkt und Globalisierung
Durch den EU-Binnenmarkt und die Möglichkeit eines weltweiten Warenverkehrs sowie relativ geringe Transportkosten lohnt sich in der Bundesrepublik Deutschland die Herstellung vieler Massenprodukte nicht mehr. Dies liegt daran, dass im Ausland häufig wesentlich billiger produziert werden kann, nicht zuletzt aufgrund der dort herrschenden niedrigeren **Lohn- und Sozialkosten**. Dies führt in Deutschland zu einem Wegfall vor allem niedrig qualifizierter Arbeitsplätze im sekundären Sektor. Durch die Informationstechnologien werden bereits auch Bereiche des Dienstleistungssektors wie Call-Center oder Schreibarbeiten am Computer in Billiglohnländer wie etwa Indien verlagert.

Wandel des Berufsbildes
Innerhalb des gesellschaftlichen Wertesystems verschiebt sich die Einstellung zur Erwerbstätigkeit, man spricht vom **Wandel vom Beruf zum Job**. Der herkömmliche Beruf bedeutete in der Regel eine Identifikation mit der

Tätigkeit, die nach Neigung und Eignung ausgewählt und oft dauerhaft für das ganze Leben ausgeübt wurde – dementsprechend wandte man die Qualifikationen langfristig an. Durch den permanenten Wandel der Berufswelt und Arbeitszeitverkürzungen steht heute der Gelderwerb im Vordergrund. Die Bürger sehen ihren **Lebensmittelpunkt weniger in einer beruflichen Verwirklichung als im Konsum- und Freizeitbereich**. Um sich hier mehr leisten zu können, nehmen sie auch häufigere und kurzfristigere Wechsel der Arbeitsverhältnisse in Kauf. Allerdings ist hierzu auch eine Gegenbewegung festzustellen hin zur **post-materiellen Gesellschaft**, in der die Selbstverwirklichung durch Tätigkeiten oder Lebensstil vor materiellen Werten rangiert.

Insgesamt ist ein Trend **weg von linearen Berufskarrieren hin zu einer Aufteilung des Arbeitslebens** in verschiedene Phasen, die sich nach den Bedürfnissen des Marktes und den persönlichen Qualifizierungen richten, festzustellen. Soziologen fürchten einerseits, dass durch den Zwang zu dauernder Flexibilität die Identität der Berufstätigen gefährdet wird. Andererseits bietet dieses moderne Berufsbild auch gute Aufstiegschancen bei einer Bewährung im Beruf und hoher Anpassungsfähigkeit.

Folgen für die Arbeitsbedingungen

Der technische Wandel hat sowohl Auswirkungen auf die einzelnen Berufstätigen als auch auf die Gesellschaft:

- Durch den Einsatz von Schlüsseltechnologien geht die **Bedeutung körperlicher Arbeit weiter zurück**, während die Anforderungen an die Konzentration und geistige Flexibilität steigen. Die Kommunikation und Kooperation zwischen den Arbeitnehmern und den verschiedenen Ebenen in einem Betrieb ändert sich. Der persönliche Kontakt zu den Kollegen nimmt ab; die Kooperation, aber auch die Kontrolle wird verstärkt.
- Als Reaktion auf die Gefahr einer Überautomatisierung, die zu einem Verlust an Produktionsqualität führen kann, werden **neue Formen der Arbeitsorganisation** eingeführt, in denen der einzelne Mensch wieder eine zentralere Rolle einnimmt.
- **Arbeitszeiten und Arbeitsverhältnisse werden zunehmend flexibilisiert**, dies erhöht einerseits die Freiheiten in der Lebensgestaltung für die Berufstätigen, andererseits bringt es auch Unsicherheit und den Zwang zu einer hohen Anpassungsfähigkeit mit sich.
- Zwar werden durch den technologischen Wandel auch neue Arbeitsplätze geschaffen, etwa in den Informationstechnologien, doch bedeuten die strukturellen Veränderungen in der Summe einen Verlust an Arbeitsplätzen als Folge der **Rationalisierungseffekte**. Dadurch erhöht sich die **strukturelle Arbeitslosigkeit**, insbesondere für niedrig Qualifizierte.

5   Modelle zur Analyse der Gesellschaftsstruktur

In jeder Gesellschaft existiert soziale Ungleichheit bezüglich der sozialen Positionen und des sozialen Status; soziale Position bedeutet dabei die Stellung in einem sozialen Beziehungsgefüge. Die Existenz dieser Position ist unabhängig von der Person, die sie im Augenblick inne hat und besitzt daher eine eigenständige soziale Wirklichkeit. Man unterscheidet dabei zwischen **zugeschriebenen oder zugewiesenen Positionen**, wie z. B. Alter, Geschlecht, Rasse oder Herkunft, und **erworbenen Positionen**, wie z. B. die Berufsposition oder ehrenamtliche Funktionen. Unter **sozialem Status** versteht man die bessere oder schlechtere Stellung eines Menschen im oben und unten einer **Dimension sozialer Ungleichheit**. Ursprünglich wurde dieser Begriff nur auf die Stellung im Prestigegefüge in einer Gesellschaft angewandt, in der neueren Soziologie spricht man aber auch vom Wohlstandsstatus oder Machtstatus.

Man unterscheidet zwischen zwei Dimensionen sozialer Ungleichheit:

- **Vertikale Ungleichheit** bedeutet die Unterschiede zwischen Gesellschaftsschichten, also zwischen oben und unten bezüglich bestimmter Statuskriterien wie Einkommen, Qualifikation oder Berufsprestige.
- **Horizontale Ungleichheit** bezeichnet die Ungleichheiten innerhalb einer Gesellschaftsschicht auf der gleichen sozialen Ebene. Hierbei wird der Status zugewiesen u. a. nach Geschlecht, Alter, Generation, Nationalität, Wohnregion oder Kinderzahl.

5.1   Grundtypen der Sozialstruktur

Die traditionelle Soziologie geht von drei Grundtypen der Sozialstruktur aus, die sich zeitlich ablösten. Vom Mittelalter bis zur Industrialisierung existierte eine sogenannte **Ständegesellschaft**, die Zugehörigkeit zu einem Stand erfolgte durch Geburt. Die einzelnen Stände unterschieden sich nach Lebensgewohnheiten, Kleidung und Privilegien. Innerhalb dieser religiös legitimierten Sozialstruktur war soziale Mobilität, also der Wechsel zwischen den Ständen, fast ausgeschlossen.

Abgelöst wurde die Ständegesellschaft im Zuge der Industrialisierung durch die **Klassengesellschaft**, die in Deutschland in ihrer klassischen Ausprägung von zirka 1830 bis 1920 vorherrschte. In ihr wird nach Besitz und Verfügungsgewalt über gesellschaftlich relevantes Produktionseigentum unterschieden zwischen der Klasse der Besitzenden und der der Nicht-Besitzenden. Die mittlere Schicht zwischen Kapitalisten und Proletariat verliert an Bedeutung. Die soziale Mobilität in der Klassengesellschaft ist zwar höher als in der Ständegesellschaft, aber immer noch gering.

Vor allem für die westlichen Industrienationen nach 1945 wird das **Schichten-Modell** benutzt, in dem mehrere soziale Merkmale, wie Beruf, Einkommen, Bildung, Vermögen oder Machtposition die jeweilige soziale Schicht bestimmen. Innerhalb dieser Gesellschaft besteht eine relativ hohe vertikale Mobilität. Während bis in die 1970er-Jahre hinein eine Tendenz zur Nivellierung der Gesellschaft durch den Sozialstaat vorherrschte, die Helmut Schelski als **nivellierte Mittelstandgesellschaft** bezeichnete, lässt sich seit den 1980er-Jahren eine Trendwende erkennen. Ein relativ hoher Sockel an Dauerarbeitslosen, Globalisierungsverlierern sowie eine Wende der staatlichen Wirtschafts- und Sozialpolitik (weg vom nivellierenden Sozialstaat, hin zum neo-liberalen Wirtschaftsstaat) führt zu der sogenannten **Zwei-Drittel-Gesellschaft**. Diese Gesellschaft ist gespalten in eine relativ wohlhabende und in gesicherten Verhältnissen lebende Mehrheit und eine Minderheit, deren Lebenschancen aufgrund von wirtschaftlichen, sozialen und schulischen Benachteiligungen eingeschränkt sind.

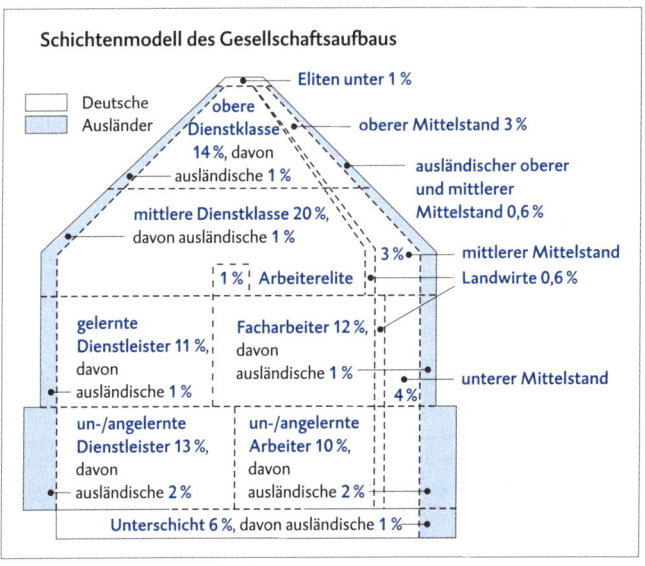

Schichtenmodell des Gesellschaftsaufbaus

Deutsche
Ausländer

Eliten unter 1 %

obere Dienstklasse 14 %, davon ausländische 1 %

oberer Mittelstand 3 %

ausländischer oberer und mittlerer Mittelstand 0,6 %

mittlere Dienstklasse 20 %, davon ausländische 1 %

3 %

mittlerer Mittelstand
Landwirte 0,6 %

1 % Arbeiterelite

gelernte Dienstleister 11 %, davon ausländische 1 %

Facharbeiter 12 %, davon ausländische 1 %

4 %

unterer Mittelstand

un-/angelernte Dienstleister 13 %, davon ausländische 2 %

un-/angelernte Arbeiter 10 %, davon ausländische 2 %

Unterschicht 6 %, davon ausländische 1 %

5.2   Weitere Ansätze zur Analyse der Gesellschaftsstruktur

In scheinbar homogenen Schichten gewinnen **horizontale Ungleichheiten zunehmend an Bedeutung**. So beziehen Frauen bei gleicher Arbeitszeit und Qualifikation durchschnittlich nur 74 Prozent der Einkommen von Männern. Auch ausländische Arbeitnehmer rangieren bei gleicher Schichtzugehörigkeit in den meisten Dimensionen sozialer Ungleichheit unter vergleichbaren deutschen Arbeitnehmern. Das Pro-Kopf-Haushaltseinkommen hängt noch stärker von der Haushaltsgröße als von der beruflichen Stellung ab. Auch konnten bis heute regionale Ungleichheiten kaum reduziert werden, im Zuge der Wiedervereinigung gewannen sie sogar an Bedeutung.

Dies alles spricht dafür, dass die klassischen Schichtenmodelle nicht mehr ausreichen, um die **Komplexität sozialer Ungleichheiten** innerhalb der Gesellschaft zu erfassen. Als Lösung wird versucht, die Gesellschaft anhand dreier **Kriterien** in verschiedene soziale Milieus mit jeweils charakteristischen Statuslagen, Einstellungen und Lebensorientierungen einzuteilen:

- **Sozialer Status:** Schulbildung, Beruf, Einkommen.
- **Wertorientierungen:** Lebensziele, materielle und post-materielle Werte, Glücksvorstellungen.
- **Alltagsbewusstsein:** Arbeits- und Freizeitmotive, Einstellungen zu Familie und Partnerschaft, Zukunftsvorstellungen, Lebensstile.

Ein Konzept der sozialen Milieus beinhaltet zehn verschiedene Milieus, in denen **Gruppen** von Menschen zusammengefasst werden, **die in Einstellungen, Verhalten und Lebensstil Ähnlichkeiten aufweisen**. Die Grenzen zwischen den Milieus sind fließend. Diese Überlappungen und die Position der Milieus in der Gesellschaft nach sozialer Lage und Grundorientierung verdeutlicht die Grafik: Je höher ein Milieu in der Grafik angesiedelt ist, desto gehobener sind Bildung, Einkommen und Berufsgruppe; je weiter rechts es positioniert ist, desto moderner ist die Grundorientierung:

- **Konservativ-Etablierte** (klassisches Establishment): Verantwortungs-/Erfolgsethik; Exklusivitäts-/Führungsanspruch, Abgrenzungstendenz.
- **Liberal-Intellektuelle** (aufgeklärte Bildungselite mit liberaler Grundhaltung und postmateriellen Wurzeln): Wunsch nach selbstbestimmtem Leben, vielfältige intellektuelle Interessen.
- **Performer** (multi-optionale, globalökonomisch denkende Leistungselite mit stilistischem Avantgarde-Anspruch): IT-/Multimedia-Kompetenz.
- **Expeditive** (unkonventionelle kreative Avantgarde): hyperindividualistisch, mental und geografisch mobil, digital vernetzt und immer auf der Suche nach neuen Grenzen und nach Veränderung.

- **Bürgerliche Mitte** (leistungs- und anpassungsbereit, bürgerlicher Mainstream): Bejahung der gesellschaftlichen Ordnung; Streben nach beruflicher/sozialer Etablierung, gesicherten/harmonischen Verhältnissen.
- **Adaptiv-Pragmatische:** die zielstrebige junge Mitte der Gesellschaft mit ausgeprägtem Lebenspragmatismus und Nutzenkalkül.
- **Sozialökologische** (idealistisches, konsumkritisches Milieu): ausgeprägtes ökologisches und soziales Gewissen; Globalisierungs-Skeptiker.
- **Traditionelle** (Sicherheit/Ordnung liebende Kriegs-/Nachkriegsgeneration):verwurzelt in kleinbürgerlicher Welt/traditioneller Arbeiterkultur.
- **Prekäre** (um Orientierung und Teilhabe bemühte Unterschicht mit Zukunftsängsten/Ressentiments): Anschluss halten an die Konsumstandards der Mitte; geringe Aufstiegsperspektiven, Rückzug ins eigene Umfeld.
- **Hedonisten** (spaß- und erlebnisorientiert): leben im Hier und Jetzt, verweigern Konventionen und Erwartungen der Leistungsgesellschaft.

Soziale Milieus in Deutschland (Stand 2020)

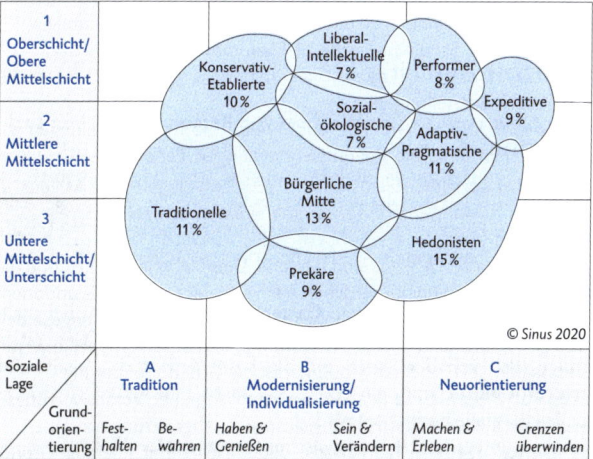

Ein weiterer Versuch ist das **Modell der Sozialen Lagen**. Es untergliedert die erwachsene Bevölkerung nach sozial bedeutsamen Merkmalen. Dabei werden objektive materielle Bedingungen und subjektive Empfindungen der Lebenszufriedenheit miteinander verknüpft. So entstehen 40 Soziallagen, die einen differenzierten Einblick in die Verteilung der materiellen Ressourcen und in die Unterschiede im subjektiven Wohlbefinden eröffnen. Zusätzlich wird nach Alter und Geschlecht unterschieden.

6 Wandel der entwickelten Industrie-gesellschaft

Wie im einleitenden Kapitel „Grundlagen" dargelegt, wird die deutsche Gesellschaft in Abgrenzung zu den Entwicklungsländern als entwickelte Industriegesellschaft bezeichnet. Dieser Begriff ist jedoch relativ allgemein und bringt den sozialen Wandel der vergangenen 50 Jahre nicht zum Ausdruck.

Daher existieren eine Reihe von Charakterisierungsversuchen der gegenwärtigen Gesellschaftsstruktur, die ein bestimmtes Strukturmerkmal als charakteristisch für die gesellschaftliche Gesamtentwicklung nehmen. Dadurch drücken sie jeweils nur bestimmte Facetten der gesellschaftlichen Wirklichkeit aus, tragen aber dazu bei, den Blick für den sozialen Wandel innerhalb der entwickelten Industriegesellschaft zu schärfen. Verursacht wird dieser Wandel durch die soziale Mobilität.

6.1 Soziale Mobilität

Soziale Mobilität bedeutet den **Wechsel von Personen zwischen sozialen Positionen**, insbesondere zwischen Berufsgruppen oder Schichten, aber auch des Familienstandes, Berufes, Arbeitsplatzes oder Wohnorts. Da Mobilitätsprozesse sehr vielschichtig verlaufen, hat die Soziologie eine ganze Reihe von Begriffen entwickelt, die unterschiedliche und meist miteinander zusammenhängende Aspekte der sozialen Mobilität beleuchten.

Folgende Begriffe werden hierbei verwendet:

- So unterscheidet man zwischen **Generationenmobilität** (oder auch Inter-Generationenmobilität), was den Schichtwechsel in der Generationenfolge, also von der Eltern- auf die Kindergeneration, meint, und **Karrieremobilität**, mit dem der Schichtwechsel im Verlauf einer individuellen Biografie bezeichnet wird.

- Außerdem unterscheidet man zwischen **horizontaler** Mobilität (horizontale Bewegung zwischen Positionen, die von ihrem Rang her auf einer Ebene liegen) und **vertikaler Mobilität** (Bewegung zwischen höher oder niedriger gelegenen Positionen, also sozialer Aufstieg bzw. Abstieg).

- Schließlich wird unterschieden zwischen **individueller** Mobilität, also dem Übergang von einzelnen Personen von einer Schicht in die andere, und **kollektiver Mobilität**, die den sozialen Auf- oder Abstieg einer ganzen Gruppe bezeichnet.

Bildungsmobilität

Eine besondere Bedeutung für die soziale Platzierung von Personen besitzt deren Bildungsstand. Somit ist das Bildungssystem eine **Möglichkeit** des **sozialen Auf- bzw. Abstiegs** zwischen den Generationen. Betrachtet man die bundesdeutsche Wirklichkeit, stellt man aber fest, dass Bildungsmobilität nur in **sehr geringem Umfang** stattfindet. So haben die Pisa-Studien seit dem Jahr 2001 ergeben, dass in keinem der untersuchten Länder der Zusammenhang zwischen dem sozialen Status des Elternhauses und dem Bildungsstand der Kinder so eng ist wie in Deutschland. Als Ursachen hierfür werden zum einen die **frühe Auslese** durch das dreigliedrige Schulsystem und zum anderen die **mangelhafte Unterstützung und Förderung** von Kindern aus bildungsfernen Schichten gesehen. Als mögliche Maßnahmen zur **Abhilfe der geringen Bildungsmobilität** werden diskutiert:

- Spätere Entscheidung über die Schullaufbahn im gegliederten Schulsystem bzw. Abbau der Unterschiede innerhalb des gegliederten Systems;
- stärkere staatliche Unterstützung für sozial Schwache;
- Intensivierung von Sprachkursen für Kinder aus nicht-muttersprachlichen Familien in möglichst jungen Jahren;
- Ausbau von Ganztagsschulen zur verstärkten und verbesserten Förderung von Kindern aus bildungsfernen Schichten.

Entwicklung der sozialen Mobilität

Es ist aus verschiedenen Gründen äußerst schwierig, genauere Aussagen über die gesamtgesellschaftliche Entwicklung der sozialen Mobilität zu treffen. Allerdings lassen sich drei relativ allgemeine Thesen aufstellen:

- Die bundesdeutsche Gesellschaft ist in den 1960er-Jahren **mobiler geworden**, d. h., es kommt häufiger zu einem Wechsel des sozialen Status;
- in den 60er- und 70er-Jahren sind besonders die **Aufstiegschancen gewachsen**, während die Bedrohung durch sozialen Abstieg zurückging;
- in den 70er- und 80er-Jahren wurden bei sozialem Aufstieg die **Entfernungen größer**, d. h., der Aufstieg erstreckte sich oft über mehr als eine soziale Schicht;
- seit den 90er-Jahren **Abstiegsbedrohung** des Mittelstandes, die trotz des mittlerweile wieder wesentlich entspannteren Arbeitsmarktes anhält.

Bedeutung von Statussymbolen

Die Differenzierung der Gesellschaft in ein oben und unten findet nicht nur in der Wissenschaft statt, sondern auch in der **alltäglichen Wahrnehmung der Bevölkerung**. Dabei orientiert sie sich weniger an objektiven und statistisch erfassbaren Größen, sondern stärker an Statussymbolen. Mit ihrer Hilfe wird der eigene Rang oder die eigene Position innerhalb der Gesellschaft angezeigt oder vorgetäuscht.

6.2   Charakterisierungen der heutigen Gesellschaft

Freizeitgesellschaft

Durch die fortschreitende Rationalisierung der Berufswelt sinkt die Lebensarbeitszeit der Bevölkerung beständig. So verfügt ein durchschnittlicher Arbeitnehmer heute über dreimal so viel arbeitsfreie Zeit wie vor 50 Jahren. Dies führt dazu, dass die **berufliche Arbeit eine schwindende Bedeutung im Lebenskonzept der Menschen** einnimmt, während Freizeit immer wichtiger wird. Dabei wird diese Freizeit längst nicht mehr nur als Erholung von der Erwerbsarbeit, sondern als **eigener Erfahrungs- und Erlebensbereich verstanden**. Symptomatisch hierfür ist die Entwicklung, dass der Freizeitwert von Regionen zu einem bedeutenden Wirtschaftsfaktor geworden ist (z. B. Oberbayern).

Der Wandel von einer Arbeits- in eine Freizeitgesellschaft birgt sowohl Chancen als auch Risiken in sich. **Chancen** sind:

- Wachstum, und damit mehr Arbeitsplätze für die Freizeitindustrie;
- mehr Zeit für Freunde und Familie;
- mehr Zeit für die persönliche Weiterbildung.

Dagegen stehen die **Risiken:**

- Viele Freizeitbetätigungen sind mit hohen **Kosten** verbunden (aufwendige Ausstattung, hohe Bewirtungs- und Übernachtungskosten).
- Dies bewirkt mehr **Konsumorientierung** und kann bei unmäßigem Freizeitverhalten zu **ökonomischer Abhängigkeit** (Verschuldung) führen.
- Auch die **Umwelt** wird durch vermehrte Freizeitaktivitäten belastet (verstärkter Autoverkehr, Landschaftsverbrauch und -zerstörung).
- Schließlich fühlen sich bereits viele durch den **Freizeitstress** überfordert und vernachlässigen das Familienleben.

Erlebnisgesellschaft

In einem engen Zusammenhang zur Freizeitgesellschaft steht die Erlebnisgesellschaft. Auch sie ist eine Folge der Entlastung von Beruf und Arbeit, was zu einer Hinwendung zur Selbstverwirklichung führt. **Das innere Erleben wird für den Einzelnen zur maßgeblichen Größe.** In reichen Industriegesellschaften führt dies zu einer zunehmenden Individualisierung und einer Erlebnisorientierung als strukturformenden Kraft. Das Ergründen der Frage, was das Ich eigentlich wolle, und der Versuch, diese Wünsche zu befriedigen, führen jedoch häufig zu Verunsicherung und Enttäuschung.

Außerdem droht eine paradoxe Umkehrung, da der einzelne Mensch auf der Suche nach Selbstverwirklichung intersubjektive, vorgegebene Muster übernimmt und sich damit gerade nicht mehr an seiner individuellen Persönlichkeit, sondern an gesellschaftlichen Leitbildern orientiert. Ausdruck dieser Erlebnisgesellschaft, die auch unter dem Namen **Spaßgesellschaft** firmiert, sind z. B. die zahlreichen Lifestyle-Magazine, der stark expandierende Massentourismus oder die sogenannte Event-Kultur.

Informationsgesellschaft

Der Begriff Informationsgesellschaft steht für die **enorm wachsende Bedeutung der Informationstechnologie** für das wirtschaftliche und private Leben in der Industriegesellschaft. Der Informationssektor wird mittlerweile bereits als vierter Wirtschaftssektor gewertet; Information tritt neben Energie und Materie als dritter Grundstoff des Wirtschaftens auf. Eine besondere Dynamik erfuhr die Informationsgesellschaft durch das sich seit Beginn der 1990er-Jahre rasant ausbreitende Internet. Die **ständige Verfügbarkeit und weltweite Austauschbarkeit von Informationen** verliehen der Globalisierung einen weiteren Schub und sorgten dafür, dass Informationen immer stärker zur Handelsware werden. Außerdem verlieren die staatliche Politik und die traditionellen Medien an Bedeutung, da Informationen individuell zur Verfügung gestellt und in Anspruch genommen werden können, ohne Vermittlung dieser traditionellen Instanzen. Kritiker warnen vor den **Gefahren der neuen Medien**, etwa durch den möglichen Verlust der Privatsphäre, sei es aufgrund mangelhaften Datenschutzes, sei es aus unüberlegter Preisgabe persönlicher Dinge. Ebenso wird die Manipulierbarkeit von Informationen und Meinungen sowie die weitere Anonymisierung der Gesellschaft befürchtet.

Risikogesellschaft

Der Begriff der „Risikogesellschaft" wurde von dem Soziologen Ulrich Beck geprägt und ist eine Antwort auf die **Möglichkeit der Menschheit, sich selbst zu vernichten**, sei es durch einen Atomkrieg, Genmanipulation oder Chemie-Katastrophen. Dadurch unterscheidet sich unsere Epoche von allen anderen Kulturen und Gesellschaftsformen, die bislang existiert haben. Die Gesellschaft lebt daher mit dem **Restrisiko der kollektiven Selbstzerstörung**, das durch keine Versicherung oder Institution übernommen werden kann. Um mit dieser Bedrohung leben zu können, wird das **Dogma „Technischer Irrtumslosigkeit"** aufgestellt, das die realen Gefahren leugnen soll. Dieses verliert allerdings in der Bevölkerung mit jeder Katastrophe weiter an Glaubwürdigkeit. Ein weiterer Mechanismus ist die **Verdrängung**, die die Stabilität der Risikogesellschaft ermöglicht.

Neben diesen Charakterisierungsversuchen existieren noch weitere Begriffe, die hier nicht näher erläutert werden, etwa der von der Männergesellschaft, der postmodernen Gesellschaft, der Singlegesellschaft oder der Protestgesellschaft.

6.3   Die Bedeutung von Randgruppen

Bevölkerungsgruppen, die in der Gesellschaft **gravierenden Benachteiligungen** ausgesetzt sind, werden undifferenziert als Randgruppen bezeichnet.

Merkmale

Die Angehörigen dieser Randgruppen, z. B. Ausländer, Arbeitslose, Obdachlose, Behinderte und alte Menschen, sind zwar **meist sozioökonomisch benachteiligt**, jedoch gibt es auch Randgruppen, wie etwa Homosexuelle, deren Randlage sich weniger durch materielle Unterversorgung ausdrückt. Starke ökonomische Defizite gehen in der Regel einher mit **Tendenzen zur sozialen Isolation und Diskriminierung**. Dadurch werden die Lebenschancen der Randschichten und ihre Teilnahme am gesellschaftlichen, kulturellen und politischen Leben erheblich beeinträchtigt. Randschichten sind in diesem Sinne **marginalisiert, d. h. nur mangelhaft in die Kerngesellschaft integriert**. Randgruppen sind zunächst **sozialstatische Gruppen mit gemeinsamen Merkmalen**. Aus ihrer sozialen Randstellung kann ein Zusammengehörigkeitsgefühl entstehen, aus dem eine Gruppenbildung (z. B. Deutscher Gehörlosenbund) und gemeinsame Aktionen resultieren können. Andere Randgruppen, wie z. B. alte Menschen, organisieren sich schwerer. Daraus folgt, dass sie relativ einflusslos sind und dadurch ihre Lebenssituation kaum entscheidend verbessern können.

Auf manche Randgruppen treffen noch weitere Merkmale zu:

- Sie werden von der Kerngruppe als **Bedrohung** für die gesellschaftliche Ordnung bzw. für ihre Werte eingestuft;
- sie zeichnen sich durch **gering ausgeprägte Anerkennung** der von der Kerngruppe für verbindlich gehaltenen **Werte und Normen** aus (z. B. regelmäßige Erwerbstätigkeit).

Zwar treffen nicht alle diese Merkmale auf jede einzelne Randgruppe zu, jedoch ist es charakteristisch für Randgruppen, dass ihre Lage nicht nur durch eines dieser Kennzeichen geprägt ist, sondern durch das **Zusammentreffen mehrerer dieser Merkmale**. Eine ausgeprägte vertikale Mobilität gilt als Kennzeichen einer weitgehenden Chancengleichheit und wird als Mittel zum Abbau sozialer Gegensätze begrüßt. Sie bedeutet jedoch auch eine Gefährdung der einmal erreichten gesellschaftlichen Stellung und führt damit zur Verunsicherung (Status-Unsicherheit). Diese **soziale Abstiegsangst** äußert sich zum einen in einer übertriebenen Nutzung von Statussymbolen, zum anderen in einem mitunter auch in Aggressivität umschlagenden Abwehrverhalten gegenüber potenziellen Konkurrenten. Die

Status-Unsicherheit ist eine der soziologischen Erklärungen für rechtsextreme Haltungen und Aktivitäten etwa in den neuen Bundesländern.

Verlagerung der Risiken

Innerhalb der deutschen Gesellschaft werden zirka zehn bis 20 Prozent der Bevölkerung meist kurzfristig, zum Teil jedoch auch längerfristig in Randgruppen gedrängt. Deren Umfang hat in den 1970er- bis Mitte der 1980er-Jahre zugenommen und stagniert seither. Die Risiken, in eine Randgruppe gedrängt zu werden, haben sich verlagert. Frauen und alte Menschen sind im Gegensatz zu Alleinerziehenden und kinderreichen Familien sowie Kindern und Jugendlichen, Arbeitslosen und Ausländern nicht mehr überdurchschnittlich gefährdet. Zugenommen haben die Personen im erwerbsfähigen Alter. Die Verlagerung des Risikos lässt sich auf drei Ursachen zurückführen:

- **Massenarbeitslosigkeit** als Folge der Krisenerscheinungen eines dynamischen Arbeitsmarktes;
- **Monopolverlust der bürgerlichen Familie** und Anstieg der Zahl allein erziehender Mütter;
- **Lücken im System der Sozialsicherung** (ungenügende familienpolitische Unterstützung, Befristung von Arbeitslosengeld, Vernachlässigung von Berufsanfängern, Erwerbsunfähigen und bestimmten Gruppen von Selbstständigen).

Zwar leben auch Randschichten heute besser als früher, aber ihr Rückstand zum Lebensstandard des Bevölkerungsdurchschnitts, also die **Armutskluft**, wächst kontinuierlich.

Zwei-Drittel- oder Vier-Fünftel-Gesellschaft

Das Schlagwort von der „Zwei-Drittel-Gesellschaft" fasst die Tendenz des Anstiegs von Randgruppen und deren soziale Ausgrenzung kritisch zusammen. Die damit ausgedrückte Quantifizierung ist allerdings fragwürdig und etwas willkürlich. Aufgrund vielfältiger Unzulänglichkeiten lassen sich Quantifizierungsangaben lediglich als **informierte Schätzungen**, nicht jedoch als Berechnungen bezeichnen. So machen beispielsweise die Sozialhilfeberechtigten und 80 Prozent der in Deutschland lebenden Ausländer zusammen nur gut elf Prozent der Bevölkerung aus. Bei einer großzügigeren Definition von Randständigkeit lässt sich der Umfang der Randschichten auf maximal 20 Prozent schätzen. Daraus folgt, dass der Begriff der „**Zwei-Drittel-Gesellschaft**" eine Überspitzung darstellt. Dessen ungeachtet besitzt auch eine Vier-Fünftel-Gesellschaft einen enormen sozialpolitischen Sprengstoff.

7   Soziale Sicherung und sozialer Ausgleich als politische Aufgaben

Nach Art. 20, Abs. 1 des Grundgesetzes ist die Bundesrepublik Deutschland ein sozialer Rechtsstaat. Außerdem enthalten die Art. 1, 6 (Abs. 4), 9, 14 (Abs. 2) und 15 GG soziale Grundrechte. Weiter wird das Sozialstaatsprinzip im Grundgesetz nicht konkretisiert, d. h., die Entscheidung über die konkrete Ausgestaltung unterliegt dem konkreten Willensbildungsprozess.

Es besteht kein allgemeiner Konsens darüber, in welchem Umfang der Staat auf gesellschaftliche Veränderungen und ungleiche Lebenschancen verschiedener Gruppen der Bevölkerung Einfluss nehmen soll. Nach einem **streng liberalen Verständnis** soll der Staat den sozialen wirtschaftlichen Wandel der Gesellschaft dem freien Spiel der Kräfte überlassen. Staatliche Sozialpolitik beschränkt sich nach diesem Verständnis auf Fürsorge und Hilfe in konkreten Notsituationen. Auf der anderen Seite des Spektrums befindet sich die Auffassung der **sozialistischen Planwirtschaft**, die dem Einzelnen seinen festen Platz in der Gesellschaft zuweist.

Die Sozialordnung der Bundesrepublik stellt einen Mittelweg zwischen diesen beiden extremen Positionen dar. In der von Ludwig Erhard Anfang der 50er-Jahre umgesetzten Politik der **Sozialen Marktwirtschaft** bleibt der Wettbewerb das Organisationsprinzip der Wirtschaft. Der Staat greift in diese Ordnung nicht ein, sondern sichert sie lediglich und verhindert zu krasse soziale Gegensätze, um ein stetiges Wachstum als Grundlage allgemeinen Wohlstands zu ermöglichen. Die Sozialordnung wird dabei durch zwei unterschiedliche Politikbereiche beeinflusst: Zum einen durch die **Sozialpolitik im engeren Sinne**, die auf soziale Absicherung und sozialen Ausgleich abzielt, und zum anderen durch die **Gesellschaftspolitik**, die die Möglichkeit sozialer Teilhabe ordnet.

7.1   Gesellschaftspolitik als Sozialpolitik

Gesellschaftspolitik als Sozialpolitik im weiteren Sinne umfasst Maßnahmen verschiedener Politikbereiche:

- **Bildungspolitik** (Ausbildungsförderung für Schüler und Studenten);
- **Wohnungsbaupolitik** (sozialer Wohnungsbau, Wohnungsbauprämie);
- **Arbeitsmarktpolitik** (Arbeitsbeschaffungsmaßnahmen, Fortbildung und Umschulung von Arbeitslosen oder Kurzarbeitergeld);
- **Steuerpolitik** (Steuerermäßigung, Befreiung für niedrige Einkommen).

Das Sozialstaatsgebot verpflichtet schließlich den Staat dazu, die Arbeitsbedingungen so zu regeln, dass die **schwächere soziale Position der Arbeitnehmer gestärkt** wird. Dazu gehören der Schutz der Arbeitnehmer im Betrieb durch Arbeitszeitregelungen, Schutz vor Gefahren des Arbeitslebens, Schutz vor Entlassungen sowie die oben erwähnten Maßnahmen der Ordnungen des Arbeitsmarktes. Auch Maßnahmen des Verbraucherschutzes, wie das Mietrecht, oder das Gesundheitssystem können als Sozialpolitik begriffen werden.

Mitbestimmung

Die gesetzlichen Regelungen der Arbeitsbeziehungen werden ergänzt durch die Gesetzgebung über die Mitbestimmung. Bei mittleren und kleinen Kapitalgesellschaften erfolgt die Mitbestimmung auf der Grundlage des **Betriebsverfassungsgesetzes** nach der sogenannten Drittel-Beteiligung, d. h., ein Drittel der Aufsichtsratsmitglieder sind gewählte **Betriebsräte**, also gewählte Arbeitnehmervertreter. Deren Zuständigkeiten sind im Gesetz genau festgelegt. Nach dem **Montan-Mitbestimmungsgesetz** für den Bergbau, die Eisen- und Stahlindustrie von 1951 und dem Mitbestimmungsgesetz für Großunternehmen von 1976 bestehen die Aufsichtsräte in diesen Betrieben je zur Hälfte aus Vertretern der Arbeitgeber und der Arbeitnehmer; bei Stimmengleichheit entscheidet ein zusätzliches neutrales Mitglied bzw. der Aufsichtsratsvorsitzende.

Koalitionsfreiheit und Tarifautonomie

Die Koalitionsfreiheit nach Art. 9, Abs. 3 des Grundgesetzes ermöglicht es den Arbeitnehmern, sich in **Gewerkschaften zur Durchsetzung ihrer Interessen** zu organisieren. Als Tarifpartner handeln sie ebenso wie die Arbeitgeber selbstständig, also autonom, Löhne und Arbeitsbedingungen aus. Dies wird als Tarifautonomie bezeichnet. Ihre Vereinbarungen sind für die Mitglieder der Tarifparteien rechtswirksam und können bei den **Arbeitsgerichten** eingeklagt werden. Der Staat muss nach den Grundsätzen des freiheitlichen Rechtsstaats in einem Arbeitskampf neutral bleiben.

Bleiben Tarifverhandlungen ohne Ergebnis, kann es zu einem **Streik** kommen. Rechtlich werden Streiks durch die Bestimmungen über die Koalitionsfreiheit im Grundgesetz abgedeckt. Dabei unterliegen **Aussperrungen** als Gegenmaßnahmen der Arbeitgeberseite besonderen Beschränkungen: Der Ausschluss arbeitswilliger Beschäftigter von der Arbeit ist nur gegen Schwerpunktstreiks erlaubt, bei denen einzelne oder wenige Betriebe bestreikt werden. Sie dürfen nicht nur Gewerkschaftsmitglieder betreffen und das Arbeitsverhältnis der Ausgesperrten nicht berühren. Während der Laufzeit eines Tarifvertrags sind Streiks grundsätzlich nicht zugelassen.

7.2 Das System der sozialen Sicherung

Kern der Sozialpolitik sind die klassischen Systeme der **sozialen Sicherung gegen Lebensrisiken:** Alter, Krankheit, Unfall, Pflegebedürftigkeit, Arbeitslosigkeit. Dazu gehören ferner Maßnahmen des **sozialen Ausgleichs** und der **Hilfe in Notlagen**, wie Kindergeld, Kinderfreibeträge, Erziehungsgeld, Mutterschutz oder Wohngeld.

Die soziale Sicherung in Deutschland (Stand 2023)

Versicherungsart	Beitragsentrichtung	Versicherungsleistungen
Renten-versicherung	18,6 % des Bruttolohns; von Arbeitgeber und Arbeitnehmer je zur Hälfte	Renten, Heilbehandlung, Förderungsmaßnahmen für Behinderte
Kranken-versicherung	14,6 % des Bruttolohns plus Zusatzbeitrag; von Arbeitgeber und Arbeitnehmer je zur Hälfte	Arzt, Zahnarzt und Krankenhausbehandlung, Arznei, Entbindungskosten
Unfallversicherung	Beitrag nur vom Arbeitgeber; Höhe abhängig von Gefahrenklasse und Betriebsgröße	Renten, Heilbehandlung, Förderungsmaßnahmen für Behinderte, Unfallverhütung
Arbeitslosen-versicherung	2,6 % des Bruttolohns; von Arbeitgeber und Arbeitnehmer je zur Hälfte	Arbeitslosengeld, berufliche Aus-, Fortbildung, Umschulung, Berufsberatung, Arbeitsvermittlung
Pflegeversicherung	3,4 % des Bruttolohns (Zuschlag für Kinderlose ab 24 Jahre 0,6 %); von Arbeitgeber und Arbeitnehmer je zur Hälfte	Pflegeleistungen oder Pflegegeld (Umfang abhängig von Schwere der Pflegebedürftigkeit)

Prinzipien

Die Sozialpolitik stützt sich auf **zwei Grundprinzipien. Die Subsidiarität** bedeutet das Prinzip der Zuständigkeit der kleinsten Ordnung. Damit ist gemeint, dass Hilfsbedürftige auf der untersten möglichen Ebene und in kleinen Einheiten, also möglichst nah am Bürger, unterstützt werden. Der Staat unterstützt dabei diese kleinen Einheiten, regelt die Rahmenbedingungen ihrer Arbeit und kontrolliert sie.

Das zweite Prinzip ist das der **Solidarität**. Dies bedeutet die Umverteilung von Belastungen und Leistungen. Man unterscheidet dabei zwischen einer inter-temporalen bzw. intra-personellen Solidarität, die innerhalb der verschiedenen Lebensabschnitte ein und derselben Person stattfindet. Das beste Beispiel hierfür ist der sogenannte Generationenvertrag zur Sicherung der Renten. Auf der anderen Seite gibt es die inter-personale Solidarität, die die Entlastung der Schwächeren der Gesellschaft auf Kosten der Stärkeren bedeutet. Ein Beispiel dafür ist die progressive Besteuerung von Einkommen und Vermögen, durch die der Steuersatz mit der Höhe der Einnahmen steigt.

Finanzierung

Die Finanzierung der Sozialpolitik kennt **drei unterschiedliche Prinzipien**. Die Sozialversicherungen werden nach dem **Versicherungsprinzip** finanziert. Dies bedeutet, dass der einzelne Bürger Beiträge leistet, aus denen sich der Anspruch auf bestimmte Leistungen im Versicherungsfall ableitet. Die Sozialversicherungen stehen unter staatlicher Aufsicht und werden durch die öffentliche Hand bei Unterdeckung, wie etwa in der Arbeitslosenversicherung, bezuschusst. Dieses System wurde bereits in den 1880er-Jahren unter Reichskanzler Otto von Bismarck etabliert und umfasste ursprünglich die Krankenversicherung, Rentenversicherung und Unfall- bzw. Invaliditätsversicherung. 1927 kam die Arbeitslosenversicherung hinzu, 1995 als bislang letzte Sozialversicherung die Pflegeversicherung. Die **Beiträge** zu allen fünf Versicherungen werden jeweils **aufgeteilt zwischen Arbeitgebern und Arbeitnehmern**, die sich – mit Ausnahme der Unfallversicherung – die Kosten jeweils zu 50 Prozent teilen. Alle fünf Versicherungen sind Pflichtversicherungen für Angestellte und Arbeiter. Die Höhe der Beiträge richtet sich jeweils prozentual nach dem Bruttoeinkommen des Arbeitnehmers.

Eine andere Art der Finanzierung stellt das **Versorgungsprinzip** dar. Hier entstehen Leistungsansprüche nicht aufgrund von Beitragszahlungen, sondern aufgrund anderer Voraussetzungen, insbesondere Leistungen für den Staat. Die Leistungen für die festgelegten Personengruppen werden aus Steuermitteln bezahlt. Voraussetzung hierfür ist das Vorliegen gesetzlich bestimmter Merkmale, die als Sonderopfer oder Sonderleistungen für die Gemeinschaft angesehen werden. Neben der Kriegsopferversorgung werden auch die Beamten nach diesem Prinzip abgesichert.

Schließlich gibt es noch das **Fürsorgeprinzip**. Auch dieses speist sich aus Steuermitteln, kommt jedoch allen Personen zugute, die sich in einer **individuellen Notlage** befinden und ihre Bedürftigkeit nachweisen können. Die Art und Höhe der Hilfestellung werden durch eine Bedürftigkeitsprüfung bestimmt. Bereiche, die nach dem Fürsorgeprinzip finanziert werden, sind z. B. das Wohngeld und die Jugendhilfe.

7.3   Grenzen der Belastbarkeit

Seit der zweiten Ölkrise Anfang der 1980er-Jahre wird diskutiert, ob der Sozialstaat in seinem bisherigen Umfang noch finanzierbar ist. Die **Ausgaben für Sozialleistungen sind permanent gestiegen** und machen heute bereits ca. ein Drittel des gesamten Bruttoinlandprodukts der Bundesrepublik aus.

Gründe für die Probleme sind:

- die **veränderte Altersstruktur**, durch die die Sozialversicherungen immer mehr Leistungsempfänger und immer weniger Einzahler bekommen;
- die **Veränderung der Haushaltsstrukturen** und des Rollenverständnisses von Frauen und Männern, durch die Leistungen der Familie auf soziale und staatliche Einrichtungen übertragen werden;
- die **steigenden Personalkosten** für soziale Dienstleistungen;
- die **höheren Ansprüche** an ein Gesundheitswesen, das auch wesentlich höhere Leistungen anbietet;
- der **zunehmende Missbrauch** von sozialen Leistungen durch deren anonyme Organisation sowie
- die **Sonderbelastungen durch die Wiedervereinigung**. So mussten die Rentenkassen die Finanzierung der Alterssicherung von Millionen Rentnern übernehmen, die nicht in die Kasse eingezahlt hatten. Auch liegt die Arbeitslosigkeit in den neuen Ländern erheblich höher als in der alten Bundesrepublik.

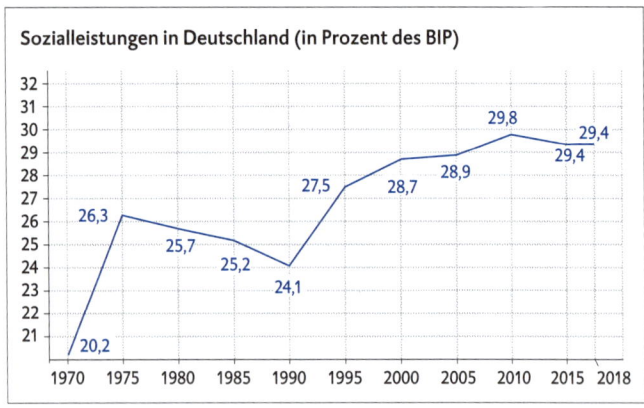

Sozialleistungen in Deutschland (in Prozent des BIP)

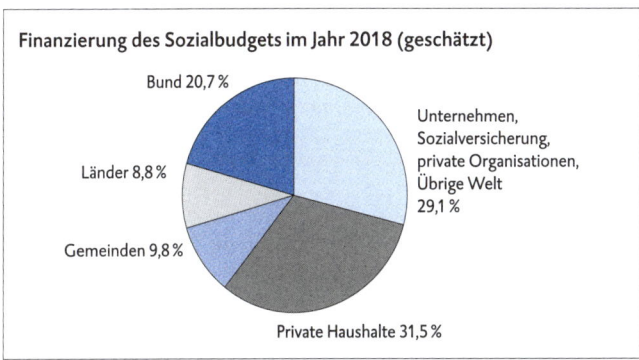

Finanzierung des Sozialbudgets im Jahr 2018 (geschätzt)

Bund 20,7 %

Länder 8,8 %

Gemeinden 9,8 %

Unternehmen, Sozialversicherung, private Organisationen, Übrige Welt 29,1 %

Private Haushalte 31,5 %

Ein weiteres Problemfeld ist die **Finanzierung der Sozialleistungen über das Arbeitseinkommen:** Sinkende Lebensarbeitszeit und steigende Arbeitslosigkeit wirken sich negativ auf die Finanzierung der Sozialversicherungen aus. Handlungsbedarf ist zwar seit Langem bekannt, eine grundlegende Reform des sozialen Sicherungssystems erwies sich in der Vergangenheit aber als schwer durchsetzbar. Dies liegt einerseits an der Scheu der verantwortlichen Politiker, unpopuläre Maßnahmen zu treffen, und andererseits an der Blockade und Besitzstandswahrung durch die organisierten Interessen. Zentrale Punkte einer Reform sind das Gesundheitswesen, die Rentenfinanzierung und der Arbeitsmarkt. Gerade durch die aufgrund der hohen Sozialausgaben **steigenden Lohnnebenkosten** wird die Schaffung neuer Arbeitsplätze immer schwieriger, wodurch ein Kreislauf entsteht, der wiederum zu höheren Sozialausgaben und niedrigeren Einnahmen führt.

Als Lösungsmöglichkeiten für die Finanzkrise gelten

- die **Erhöhung des privaten Anteils** an der sozialen Absicherung (z. B. Riester-Rente);
- die **Senkung der Ausgaben** durch Reduzierung der Berechtigungen (z. B. Absenken oder zeitliche Begrenzung von Sozialleistungen);
- die **Erhöhung der Beitragszahlungen**, was jedoch zum erwähnten Anstieg der Lohnnebenkosten führt;
- die **Verlängerung der Lebensarbeitszeit** zur Sicherung der Altersvorsorge (Erhöhung des Renteneintrittsalters auf 67 Jahre);
- die **Erweiterung der zugrunde liegenden Finanzierungsbasis**, die momentan auf den Arbeitslohn abhängig Beschäftigter beschränkt ist, um Zins- oder Mieteinkünfte oder des **Personenkreises** von Arbeitern und Angestellten auf Beamte und Selbstständige („Bürgerversicherung").

Internationale Politik

Die internationale Politik ist geprägt von bilateralen Beziehungen. Aber auch internationale Organisationen gewinnen zunehmend an Bedeutung.

1   Grundlagen der internationalen Politik

Bevor die einzelnen Felder internationaler Politik behandelt werden, sollen zum besseren Verständnis die grundlegenden Begriffe internationaler Politik sowie die Grundvoraussetzungen deutscher Außenpolitik geklärt werden.

1.1   Zentrale Begriffe der internationalen Politik

Internationale Politik und internationale Beziehungen
Unter **internationalen Beziehungen** versteht man alle grenzüberschreitenden Aktionen und Interaktionen, unabhängig davon, ob es sich bei den Akteuren um internationale Organisationen, Nationalstaaten, gesellschaftliche Gruppierungen, Individuen oder juristische Personen wie z. B. Wirtschaftskonzerne handelt.

Internationale Politik stellt eine Teilmenge der internationalen Beziehungen dar. Der Begriff beschränkt sich auf Handlungen mit einem politischen Hintergrund. In erster Linie handelt es sich dabei um Interaktionen zwischen staatlichen und supranationalen staatlichen Organisationen. Seit Beginn der 90er-Jahre treten jedoch auch die sog. **Nicht-Regierungsorganisationen** (NGO, Non Governmental Organization), wie Amnesty International oder Greenpeace, verstärkt in den Blickpunkt internationaler Politik.

Sind an einer politischen Handlung lediglich zwei Staaten als Akteure beteiligt, spricht man von **bilateralen Beziehungen**, sind mehrere Staaten in den Prozess eingebunden, handelt es sich um **multilaterale Beziehungen**.

Außerdem unterscheidet man zwischen **transnationalen Organisationen**, die aus einzelnen selbstständig handelnden Mitgliedern (Staaten oder Organisationen) bestehen (z. B. WTO, IWF aber auch Fifa) und **supranationalen Organisationen**, deren Mitglieder Staaten sind, die aber auf gewissen Gebieten einen Teil ihrer Souveränität an diese Organisation abgeben (z. B. UN, EU, NATO). Bei dieser Art der Zusammenarbeit sind die einzelnen Nationen nicht mehr die entscheidende Bezugsgröße.

Strukturmerkmale internationaler Politik
Für die internationale Politik des beginnenden 21. Jahrhunderts lassen sich eine Reihe von Tendenzen und Strukturmerkmalen feststellen:
*   **Re-Nationalisierung:** Vor allem durch den Zerfall des Ostblocks treten in den Gebieten der ehemaligen Sowjetunion und anderer ex-kommunistischer Staaten nationalistische Tendenzen auf (z. B. Jugoslawienkriege, Tschetschenien). Dieses Phänomen bildet eine Gegenbewegung zu der fortschreitenden Integration Europas.

- Spannung zwischen **multipolarer, bipolarer** und **unipolarer Welt- ordnung:** Es ist offen, ob die Welt durch eine Vielzahl von Macht- schwerpunkten wie USA, Russland, Europa und ostasiatischen Raum ge- prägt wird (Multipolarität) oder ob die USA als einzige verbliebene Welt- macht die internationalen Beziehungen allein dominiert (Unipolarität). Durch den Aufstieg Chinas sowie den Bedeutungsverlust Russlands er- scheint im Moment die Entwicklung hin zu einer bipolaren Weltordnung mit den beiden konkurrierenden Supermächten USA und China als das wahrscheinlichste Szenario.
- **Globalisierung:** Immer mehr Bereiche des wirtschaftlichen, politischen und gesellschaftlichen Lebens werden durch immer engere Netze inter- national verknüpft.
- **Interdependenz:** Folge der Globalisierung ist das Anwachsen gegenseiti- ger Abhängigkeiten in Politik, Wirtschaft, Kultur, Sicherheit und Ökologie.

Außenpolitik

Außenpolitik bedeutet die **Wahrung der Interessen eines souveränen Einzelstaates in Auseinandersetzung mit anderen Staaten durch Diplomatie und Verträge**. Die zentralen Bereiche dieser Interessens- wahrnehmung sind die nationale Sicherheit, die Außenwirtschaftspolitik, die internationale Entwicklung und die Kultur.

Die entscheidende Größe ist hierbei das Durchsetzungsvermögen, was in diesem Zusammenhang das Machtpotenzial eines Staates bezeichnet. Dementsprechend zielt Außenpolitik immer auch auf die Erweiterung der staatlichen Machtmittel. Macht ist somit gleichzeitig sowohl ein Mittel als auch das Ziel internationaler Politik. Staatliche Machtmittel sind im Wesent- lichen militärische Stärke, politischer Einfluss durch Bündnissysteme, wirt- schaftliche Kraft und die Beeinflussung anderer Kulturkreise durch eine starke Ausstrahlungskraft der eigenen Kultur.

Grundelemente internationaler Beziehungen

Internationale Organisation

Staat A
Regierung

Staat B
Regierung

Gesellschaft

Gesellschaft

Transnationale Organisationen

1.2   Die Außenpolitik der Bundesrepublik Deutschland

Die Außenpolitik eines Landes ist von verschiedenen **Bestimmungsfakto-ren** abhängig, die zum einen die Interessenlage und zum anderen die Machtposition des jeweiligen Staates umreißen. Im Fall der Bundesrepublik Deutschland sind dies im Wesentlichen folgende Aspekte:

- **Geografische Lage** im Zentrum Europas, umgeben von vielen Nachbarn;
- wenige natürliche **Ressourcen** (arm an Bodenschätzen);
- **bevölkerungsreichstes Land** der EU (über 80 Mio. Einwohner);
- hoch entwickelter **Industriestaat** mit hohem sozialem Standard, der an die Grenzen der Finanzierbarkeit stößt;
- **militärisch** nur eine nachgeordnete Macht (ohne atomare Bewaffnung);
- stabiles **demokratisches System** im Inneren;
- enge Einbindung in **internationale Organisationen**, vor allem NATO und EU;
- **Brückenkopf** des westlichen Europas zu den ehemaligen Ostblock-staaten;
- **historische Belastung** durch das nationalsozialistische Regime (Völker-mord, Besatzungspolitik).

Zäsur 1990

Die Außenpolitik der Bundesrepublik Deutschland erfuhr durch den **Zu-sammenbruch der DDR 1989/90 und die folgende Wiedervereini-gung** einen bedeutenden Umbruch. Die Außenpolitik bis 1990 zielte vor allem auf die **Wiederherstellung der vollen Souveränität** und die Gestaltung der Beziehungen zur DDR. Instrumente dieser Politik waren die Westintegration unter Konrad Adenauer sowie die Entspannungspolitik Willy Brandts, die de facto auf eine Anerkennung der DDR hinauslief und auf einen Wandel durch Annäherung innerhalb der Staaten des War-schauer Pakts allgemein und der DDR im Besonderen setzte.

1990 gestaltete sich die Wiedervereinigung auch als ein außenpolitisches Problem. Durch die alliierten Vorbehaltsrechte, resultierend aus der Nieder-lage im Zweiten Weltkrieg, konnten die beiden deutschen Staaten nicht frei über ihre Zukunft entscheiden, sondern benötigten die **Zustimmung der vier Siegermächte**. Vor allem die Einwilligung der UdSSR, die die DDR aus ihrem Machtbereich entlassen musste, erschien als höchst unwahrscheinlich.

Begünstigt durch den sich abzeichnenden Zusammenbruch des War-schauer Pakts und das **Auseinanderfallen der Sowjetunion** gelang es in den sog. 2 + 4-Verhandlungen, die Zustimmung aller vier Mächte zu einer wiedervereinigten und voll souveränen Bundesrepublik zu erhalten. Die

UdSSR unter Michail Gorbatschow erklärte sich gegen finanzielle und politische Zusagen bereit, die Truppen der Roten Armee aus dem Gebiet der ehemaligen DDR abzuziehen und den Verbleib der wiedervereinigten Bundesrepublik in der NATO zu akzeptieren. In der **New Yorker Erklärung vom 1. Oktober 1990** gestand die Bundesrepublik die Endgültigkeit der Oder-Neiße-Linie als Grenze zu Polen und den Verzicht auf ABC-Waffen zu.

Neuausrichtung nach 1990

Während des Kalten Kriegs war die Bundesrepublik Deutschland als Teil des westlichen Verteidigungsbündnisses **Frontstaat zum Warschauer Pakt**. Die historische Zäsur von 1990/1991 brachte zwei wesentliche Neuerungen für die deutsche Außenpolitik: Zum einen wandelte sich die Bedeutung des wiedervereinigten Deutschlands, dessen politisches und militärisches Gewicht als **größter Staat Europas** nach Russland gewachsen ist. Zum anderen fiel die Bedrohung durch den Zusammenbruch des **Warschauer Pakts weg**. Dadurch wandelte sich die Rolle der Bundesrepublik schrittweise vom „Konsumenten" zum „Produzenten kollektiver Sicherheit". Die Landesverteidigung gegen die Invasion einer fremden Besatzungstruppe war bis zu der Invasion Russlands in die Ukraine im Februar 2022 kein ernsthaftes Bedrohungsszenario mehr.

Die grundlegenden Änderungen in der internationalen Politik nach 1990 bewirkten eine Neuausrichtung der bundesdeutschen Außenpolitik. Zum einen **veränderten sich die zentralen Bestimmungsfaktoren** durch die Wiedervereinigung fundamental. Zum anderen bedeutete das Ende der bipolaren Weltordnung eine Neuorientierung der internationalen Beziehungen allgemein. Die Bundesrepublik strebt seitdem eine **stärkere internationale Rolle** an. So wird diskutiert, ob der Bundesrepublik ein ständiger Sitz im UN-Sicherheitsrat zustehe. Deutschland hat aber vor allem seine bisherige Zurückhaltung bei internationalen militärischen Einsätzen aufgegeben. Besonders während der Diskussionen um den Irak-Krieg 2003 zeichnete sich ein **gewandeltes Verhältnis zu den USA** ab. Gemeinsam mit Frankreich führte die Bundesrepublik die Gruppe europäischer Staaten an, die auf mehr Eigenständigkeit innerhalb der transatlantischen Allianz pochte. Neben der Ablehnung des Feldzugs gegen Saddam Hussein spielten auch ein gewachsenes Selbstbewusstsein sowie die Kritik an der von den USA als alleiniger Großmacht dominierten Weltpolitik eine entscheidende Rolle.

Die Bundesrepublik will zudem den Befürchtungen ihrer Nachbarländer entgegentreten, das größer gewordene und in eine zentrale europäische Position gelangte Deutschland könne an Großmachtbestrebungen der Zeit vor 1945 anknüpfen. Deshalb bleibt die **europäische Einbindung** eine zentrale Säule deutscher Außenpolitik.

2 Die europäische Integration

Nach dem Ende des Zweiten Weltkriegs setzte in den zerstörten europäischen Staaten eine Bewegung zur Überwindung der Nationalstaaten ein. Ihr verlieh Winston Churchill 1946 Ausdruck, als er das Ziel „der vereinigten Staaten von Europa" in den Raum stellte.

Die Motive für den Wunsch nach stärkerer Zusammenarbeit der europäischen Staaten beruhten einerseits auf den **fürchterlichen Erfahrungen des Zweiten Weltkriegs**, in dem sich die europäischen Länder und Völker gegenseitig bis an den Rand der Zerstörung bekämpft hatten, und andererseits auf der **schwindenden Bedeutung ehemals europäischer Weltmächte** wie Frankreich oder England. Europa drohte in der entstehenden bipolaren Welt, die vom Konflikt zwischen den USA und der Sowjetunion geprägt war, als politische Größe irrelevant zu werden.

2.1 Schritte der Integration

Dimensionen des Begriffes „Europa"

Die Einigung Europas wirft die Frage auf, durch was sich dieses Europa definiert. Der Begriff „Europa" beinhaltet dabei unterschiedliche Dimensionen. In erster Linie stellt Europa einen **geografischen Raum** dar. Historisch verbindet Europa eine seit der Antike über die Franken bis hin zur Herausbildung der Nationalstaaten **gemeinsame geschichtliche Erfahrung**.

Kulturell und philosophisch ist Europa von der griechischen Philosophie über das Christentum, die Aufklärung und die Moderne geprägt. Bei der Anwendung dieser Dimensionen gibt es, wie das Beispiel Türkei zeigt, durchaus strittige Abgrenzungen, welche Staaten ein Teil der europäischen Integration sein können.

Die Wurzeln der EU

In den 1940er- und 1950er-Jahren bildeten sich verschiedene Organisationen supranationaler Zusammenarbeit auf europäischer Ebene heraus:

- Westunion (1948), seit 1954 **Westeuropäische Union (WEU):** Verteidigungsgemeinschaft westlich orientierter Staaten, die über keine eigenständige militärische Struktur verfügt, da sie als europäischer Teil der NATO verstanden wurde. Erst 1993 kam es zu einer Reaktivierung der WEU, bei der eine Umstrukturierung geplant ist.
- **Europarat** (1949): Blöcke übergreifende Organisation zur Wahrung der Menschenrechte (Europäische Menschenrechtskommission 1954, Europäischer Gerichtshof für Menschenrechte 1959).

- Europäische Gemeinschaft für Kohle und Stahl (EGKS, 1951/52): Gemeinsame Industrie- und Wirtschaftspolitik in der Montan-Industrie.
- Europäische Wirtschaftsgemeinschaft (EWG, 1957/58): Gemeinsame Wirtschaftspolitik der gleichen Mitglieder wie der EGKS.
- EURATOM (1957/58): Gemeinsame Forschungspolitik.
- EGKS, EWG und EURATOM werden 1963 zur **Europäischen Gemeinschaft (EG)** zusammengefügt, aus der sich 1992 die **Europäische Union (EU)** entwickelt.
- Europäische Freihandelszone (EFTA, 1959/60): Freihandelszone aus den EG-Staaten und neutralen Ländern (z. B. Schweiz, Österreich).

Die wichtigste Organisation auf europäischer Ebene stellt die EU dar. Ihre Mitgliederzahl wurde in mehreren Schritten immer stärker erweitert:

- Gründungsmitglieder: Belgien, Westdeutschland, Frankreich, Italien, Luxemburg, Niederlande (EGKS);
- 1973 Beitritt Dänemarks, Irlands und Großbritanniens;
- 1981 Beitritt Griechenlands;
- 1986 Beitritt Spaniens und Portugals;
- 1995 Beitritt Finnlands, Österreichs und Schwedens;
- 2004 Beitritt Estlands, Lettlands, Litauens, Maltas, Polens, Sloweniens, der Slowakischen Republik, der Tschechischen Republik, Ungarns, Zyperns
- 2007 Beitritt Bulgariens und Rumäniens
- 2013 Beitritt Kroatiens
- 2016 Referendum über Austritt Großbritanniens; Austritt aus EU 2020

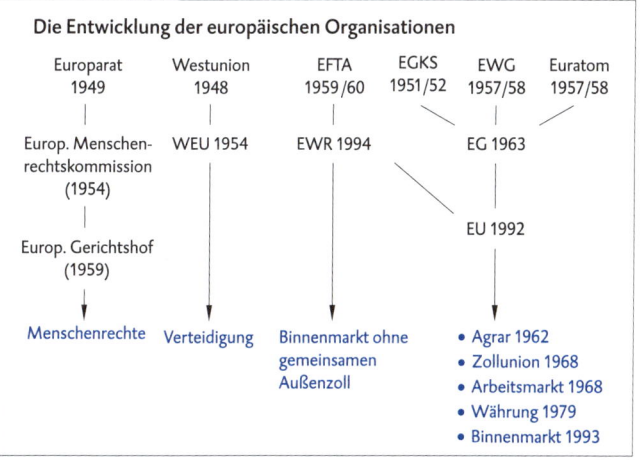

Die Entwicklung der europäischen Organisationen

2.2   Von der EG zur EU

Die EG erweiterte sich nicht nur um mehr Mitgliedstaaten, sondern vertiefte auch die Zusammenarbeit auf immer neuen Feldern, bis sie schließlich mit den **Verträgen von Maastricht 1992** die Europäische Union bildete.

Binnenmarkt

Bereits 1986 wurde der Binnenmarkt für die Staaten der EG beschlossen. Mit ihm sollten eine höhere Wettbewerbsfähigkeit, ein verstärktes Wachstum, mehr Freizügigkeit für die Bürger und ein Integrationsschub für Europa erreicht werden. Binnenmarkt bedeutet die **Freizügigkeit für Personen, Dienstleistungen, Waren und Kapital**. Das macht den Abbau von Grenzkontrollen, staatlichen Handelshemmnissen und Steuerschranken notwendig. Nationale Normen müssen entweder harmonisiert oder gegenseitig anerkannt werden, sodass in allen Mitgliedstaaten des Binnenmarktes die gleichen Voraussetzungen gelten. In der Verwirklichung des Binnenmarktes aber liegen die **Gefahren** des „Sozialdumpings" (Preisgabe sozialer Errungenschaften), größerer Umweltbelastung, wachsenden Verkehrs sowie einer Abschottung der „Festung Europa" gegenüber der restlichen Welt.

Politische Union

Durch die Verträge von Maastricht sollte die Kooperation der Mitgliedstaaten erheblich vertieft und erweitert werden. Beschränkte sich die EG im Wesentlichen auf eine gemeinsame Wirtschaftspolitik, so strebt die Europäische Union auch eine **gemeinsame Außen- und Sicherheitspolitik** sowie eine **Zusammenarbeit in der Innen- und Justizpolitik** an.

Nach dem bisherigen Vertragswerk basierte das politische System der EU auf den sogenannten „drei Säulen": den Europäischen Gemeinschaften (Euratom und EG), der Gemeinsamen Außen- und Sicherheitspolitik (GASP) und der polizeilichen und justiziellen Zusammenarbeit in Strafsachen. Dabei besaßen lediglich die Europäischen Gemeinschaften, nicht aber die EU selbst Rechtspersönlichkeit. Dies bewirkte, dass die EG im Rahmen ihrer Kompetenzen allgemeinverbindliche Beschlüsse fassen konnte, während die EU lediglich als „Dachorganisation" tätig war. Insbesondere in der GASP konnte die EU nicht als eigenständige Institution auftreten, sondern immer nur in Gestalt ihrer einzelnen Mitgliedstaaten.

Der Lissabon-Vertrag löst die „drei Säulen" auf, indem die Europäische Gemeinschaft (EG) durchgängig in Europäische Union umbenannt wird (der frühere EG-Vertrag heißt daher nun **Vertrag über die Arbeitsweise der Europäischen Union**). Die EU übernimmt damit die Rechtspersönlichkeit der EG. Dadurch kann sie als Völkerrechtssubjekt in eigenem

Namen (wenn auch grundsätzlich nur auf einstimmigen Beschluss des Rats für Auswärtige Angelegenheiten) internationale Verträge und Abkommen unterzeichnen, über den neu geschaffenen **Europäischen Auswärtigen Dienst** diplomatische Beziehungen mit anderen Staaten aufnehmen und die Mitgliedschaft in internationalen Organisationen – etwa dem Europarat oder den Vereinten Nationen – beantragen.

Die Europäische Atomgemeinschaft (Euratom), die neben der EG zu den Europäischen Gemeinschaften gehörte, bleibt auch nach dem Vertrag von Lissabon als eigenständige Organisation bestehen, die jedoch in ihren Strukturen an die EU angegliedert ist und ihre Organe mit der EU teilt.

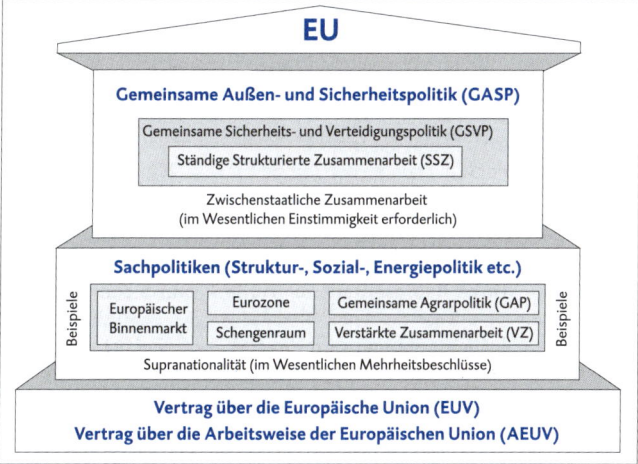

Wirtschafts- und Währungsunion

Mittlerweile besitzen 20 der 27 EU-Mitgliedstaaten mit dem **Euro eine gemeinsame Währung**. Seit dem 1.1.2001 sind die bisherigen nationalen Währungen auch im alltäglichen Zahlungsverkehr abgeschafft. Um die Stabilität des Euro zu sichern, haben sich die Einzelstaaten verpflichtet, folgende Stabilitätskriterien einzuhalten, die allerdings seit der Finanzkrise 2008 von vielen Ländern nicht eingehalten werden, wodurch der Euro in eine Vertrauenskrise geriet:

- Die jährliche **Neuverschuldung** darf höchstens drei Prozent bzw. die Gesamtverschuldung höchstens 60 % des BIP betragen.
- Die **Inflationsrate** darf höchstens 1,5 Punkte über dem Durchschnitt der drei Länder mit der niedrigsten Inflationsrate liegen.

2.3 Der Vertrag von Lissabon

Ein Vertrag über eine Verfassung für Europa sollte den EG- und den EU-Vertrag ablösen und der EU eine **einheitliche Struktur** geben. 16 Monate tagte ein Reformkonvent, der Wege finden sollte, um das Demokratiedefizit der EU zu verringern und die Entscheidungswege effektiver zu gestalten. Die Verfassung sollte ursprünglich am 1.11.2006 in Kraft treten. Dieser Prozess wurde jedoch durch die Ablehnung der EU-Verfassung bei Volksabstimmungen in den Niederlanden und in Frankreich gestoppt.

Die gescheiterte Verfassung wurde ersetzt durch den Vertrag von Lissabon, der der EU eine **einheitliche Struktur und Rechtspersönlichkeit** gibt. Beim EU-Gipfel im Oktober 2007 einigten sich die Staats- und Regierungschefs auf den endgültigen Vertragstext. Bis Ende 2008 wurde der Vertrag durch die Parlamente aller Mitgliedstaaten ratifiziert. Irland hielt als einziger EU-Staat ein Referendum ab, das scheiterte. Ein zweites Referendum am 2.10.2009 war erfolgreich. Am 3.11.2009 unterschrieb als letztes europäisches Staatsoberhaupt der tschechische Präsident Václav Klaus die Ratifikationsurkunde. Somit konnte der Vertrag am 1.12.2009 in Kraft treten.

Wesentliche Änderungen

Der neue Grundlagenvertrag verzichtet auf staatstypische Symbole wie Flagge und Hymne. Für die Außenpolitik der Union wird statt eines Außenministers der **„Hohe Repräsentant für Außen- und Sicherheitspolitik"** zuständig sein. Zwar bekommt dieser einen diplomatischen Dienst, leitet den Außenministerrat und wird Vizepräsident der EU-Kommission, doch behalten die EU-Staaten wichtige außenpolitische Kompetenzen.

Eine weitere Abschwächung zum Verfassungsentwurf ist, dass die EU keine „Gesetze" erlässt, sondern weiterhin Richtlinien und Verordnungen. Der Text der Grundrechtecharta ist zwar nicht im Vertrag enthalten, durch einen Verweis wird sie jedoch für rechtsverbindlich erklärt. Großbritannien, Polen und Tschechien haben sich durch ein Zusatzprotokoll weitgehend von den Bindungen der Charta befreien lassen.

Weitere wesentliche Änderungen sind die Ausweitung der Rechte des Europäischen Parlaments, die stärkere Einbindung der nationalen Parlamente in den Gesetzgebungsprozess, die **Einführung eines europäischen Bürgerbegehrens** und die **Regelung des EU-Austritts**.

Abstimmungsverfahren

Die Liste der Themen, über die der EU-Rat mit **qualifizierter Mehrheit** entscheidet, wird erweitert. Seit 2017 gilt dabei das Prinzip einer doppelten Mehrheit, wobei dieses bereits seit 2014 eingesetzt wird, wenn kein Mitgliedstaat widerspricht. Ansonsten gilt für Mehrheitsentscheidungen vorerst weiterhin das im Vertrag von Nizza festgelegte Stimmenverhältnis, bei dem die drei großen Staaten mit über 50 Mio. Einwohnern (Deutschland, Frankreich und Italien) mit je 29 nur über unwesentlich mehr Stimmen verfügen als die nächstgrößeren (Spanien mit 45 Mio. und Polen mit 38 Mio. Einwohnern) mit 27. Die Abstimmungsregeln der **doppelten Mehrheit** sehen vor, dass einem Beschluss 55 % aller Mitgliedstaaten, die gleichzeitig mindestens 65 % der Bevölkerung repräsentieren, zustimmen müssen. Bei diesem Modus wächst mit der Zahl der Einwohner proportional das Gewicht des Staates.

Gegen den Vertrag wird vonseiten der Euroskeptiker vorgebracht, dass er wie bereits der Verfassungsentwurf zu viel Zentralismus mit sich bringe und die nationale Souveränität zu sehr beschneide. Dagegen bemängeln andere, der Vertrag könne eine gemeinsame europäische Verfassung, die den Zusammenhalt Europas entscheidend festigen würde, nicht ersetzen. Für sie steht eine solche Verfassung weiter auf dem Programm.

2.4 Organe und Arbeitsweise der EU

Europäischer Rat und Ministerrat

Das höchste Gremium der EU ist der **Europäische Rat**. Er setzt sich zusammen aus den Staats- oder Regierungschefs der Mitgliedstaaten, dem Präsidenten des Europäischen Rates und der Kommission. Er trifft bei den halbjährlich stattfindenden Gipfeltreffen die Grundsatzentscheidungen. Den Vorsitz hat seit dem Vertrag von Lissabon der Präsident des Europäischen Rates inne. Dieser wird von den Regierungschefs mit qualifizierter Mehrheit für höchstens zwei Amtszeiten mit jeweils zweieinhalb Jahren gewählt. Das Amt löst die halbjährlich zwischen den EU-Staaten wechselnde **Ratspräsidentschaft** ab, die jeweils von einem der Regierungschefs wahrgenommen wurde. Damit soll die Effizienz des Europäischen Rates gesteigert werden. Der ständige Wechsel bedeutete mit dem Vorsitz wechselnde Schwerpunkte auf der politischen Agenda. Außerdem verhinderte die Doppelbelastung eine konzentrierte Führung, da der Ratsvorsitzende immer zugleich auch Regierungschef seines eigenen Landes war. Der hauptamtliche Präsident soll durch die verlängerte Amtszeit eine kontinuierliche Abstimmung zwischen den Regierungschefs gewährleisten. Außerdem soll er dem Europäischen Rat – als einem der Hauptentscheidungsorgane der EU – ein „Gesicht" geben. Allerdings ist seine Stellung eingeschränkt, da er nicht in die Tagespolitik eingreifen soll und öffentlich letztlich nur die Positionen vertreten kann, auf die sich die Staats- und Regierungschefs zuvor geeinigt haben.

Im **Ministerrat** (Sitz Brüssel), auch Rat der EU genannt, sitzen die Außen-oder Fachminister aller EU-Länder und beschließen gemeinsam mit dem Europäischen Parlament die Gesetze der EU (Legislative). Diese Beschlüsse erfordern je nach Thema entweder Einstimmigkeit oder eine qualifizierte Mehrheit. Bei Letzterer werden die Stimmen der Mitgliedsländer unterschiedlich gewichtet – je nach Größe des Landes. Der komplizierte Abstimmungsmodus (vgl. Vertrag von Lissabon) sorgt dabei für wenig Beweglichkeit. Die Präsidentschaft rotiert weiter halbjährlich zwischen den Mitgliedstaaten. Ausnahme ist der durch den Vertrag von Lissabon geschaffene **Hohe Vertreter der EU für Außen- und Sicherheitspolitik** (Außenbeauftragter), der den Vorsitz des Außenministerrats übernimmt. Daneben ist dieser auch Außenkommissar und Vizepräsident der Europäischen Kommission. Während der Hohe Vertreter bisher lediglich für die Durchführung der Beschlüsse des Ministerrats zuständig war, wird er nun als Ratsvorsitzender und Kommissionsmitglied auch selbstständig Initiative ergreifen und Politikvorschläge machen können.

Europäisches Parlament

Das Europäische Parlament (Hauptsitz Straßburg) ist das **demokratische Kontrollorgan** der EU. Die (seit dem 1. Februar 2020) 705 Abgeordneten vertreten die Interessen der EU-Bürger gegenüber Rat und Kommission. Durch die Neufestlegung der Abgeordnetenzahl im Lissabon-Vertrag verlor Deutschland als einziger Mitgliedstaat drei Abgeordnetensitze.

Das Parlament zählt zu den Institutionen, deren Kompetenzen durch den Vertrag von Lissabon am meisten ausgebaut wurden. Es ist zusammen mit dem Ministerrat als Gesetzgeber tätig und übt gemeinsam mit ihm die Haushaltsbefugnisse aus. Das Mitentscheidungsverfahren, das Parlament und Rat gleiche Rechte im Gesetzgebungsprozess zubilligt, wird zum neuen „**ordentlichen Gesetzgebungsverfahren**" und ist nun in der Mehrzahl der Politikbereiche gültig. Insbesondere die Gemeinsame Agrarpolitik und die polizeiliche und justizielle Zusammenarbeit in Strafsachen werden in den Zuständigkeitsbereich des Parlaments mit aufgenommen; die gemeinsame Außen- und Sicherheitspolitik verbleibt allerdings als alleinige Kompetenz des Rates. Abgesehen von einigen Ausnahmen bleibt aber das Initiativrecht bei der Gesetzgebung der Europäischen Kommission vorbehalten.

Auch bezüglich der **Budgethoheit** hat das Europäische Parlament neue Kompetenzen erhalten: Es beschließt nun gemeinsam mit den Regierungen sämtliche Ausgaben, also auch die für die Gemeinsame Agrarpolitik, die ca. 46 % des Gesamtetats ausmachen. Die letzte Entscheidung über die Einnahmen der EU liegt aber beim Rat, sodass das Parlament weiterhin nicht selbstständig den Gesamtetat erhöhen oder EU-Steuern einführen kann.

Gegenüber der Kommission hat das Parlament **Kontrollrechte** (kann Misstrauensantrag gegen sie einbringen, stimmt Mitgliederbenennung zu).

Europäische Kommission
Die Kommission (Sitz Brüssel) besteht aus 27 Mitgliedern (ein Mitglied aus jedem EU-Staat), die jeweils für ein Aufgabengebiet zuständig sind. Sie bilden die **Exekutive der EU** und führen die Beschlüsse des Ministerrats und des Parlaments aus. Über die Auswahl der Kommissare entscheiden die jeweiligen nationalen Regierungen nach Zustimmung des Europäischen Parlaments einvernehmlich für fünf Jahre. Den Vorsitz führt der **Präsident der Kommission**, der auf Vorschlag des Europäischen Rats vom Europäischen Parlament gewählt wird, dadurch kam es erstmals zu Spitzenkandidaturen bei der Wahl 2014. Ein Vizepräsident der Kommission ist der durch den Lissabon-Vertrag neu eingeführte Hohe Vertreter für die Gemeinsame Außen- und Sicherheitspolitik.
Aufgaben der Kommission sind:
- Vorschläge zur Weiterentwicklung der Gemeinschaftspolitik;
- Kontrolle über die Einhaltung und richtige Anwendung der EU-Verträge;
- Verwaltung und Durchführung der Gemeinschaftsvorschriften;
- Vertretung der EU in den internationalen Organisationen.

2.5 Gegenwart und Zukunft der EU

Währungs- und Finanzkrise
Durch die Finanz- und Wirtschaftskrise ab 2008 bereitete es immer mehr Staaten große Schwierigkeiten, die **Stabilitätskriterien für den Euro** einzuhalten. So verstoßen zahlreiche Länder seit 2009 gegen die Vorgaben der Neuverschuldung. Griechenland, Irland, Portugal und zuletzt auch Spanien und Zypern mussten zeitweise unter den sogenannten europäischen Rettungsschirm, um vor dem Staatsbankrott gerettet zu werden.
Die Bedrohung des Euros durch die Schuldenkrise führte die EU auch in **eine politische Krise**. Zum einen strapazieren die Hilfsmaßnahmen die Solidarität der europäischen Staaten und beschneiden in den Augen vieler Bürger die **Legitimität der EU**, zum anderen droht mit dem Scheitern der gemeinsamen Währung das gesamte Projekt der europäischen Einigung zu scheitern. Zudem fordern die Geberländer, insbesondere Deutschland, eine engere **Vereinheitlichung der Haushaltspolitik** der EU-Staaten. Die Begründung hierfür ist, dass gemeinsame Verantwortung auch gemeinsamer Entscheidungen bedürfen. Gegen diese Forderung nach Abgabe nationaler Souveränitätsrechte in der Haushaltspolitik rührt sich natürlich in den betroffenen Ländern Widerstand. Es besteht die Befürchtung, dass das

wirtschaftlich starke Deutschland auf diesem Weg seinen Herrschafts-
anspruch über die anderen europäischen Staaten durchzusetzen versucht.
Der im Januar 2012 beschlossene **Fiskalpakt**, der als Selbstverpflichtung
strenge Obergrenzen für die Staatsverschuldung auferlegt, bedeutet einen
ersten Schritt in diese Richtung, den mitzugehen Großbritannien und
Tschechien nicht bereit waren.

Vertiefung

Für die Zukunft der EU gibt es keine einheitliche Vorstellung. Seit den
1950er-Jahren haben sich die Gebiete, in denen die europäischen Staaten
zusammenarbeiten, immer weiter ausgedehnt und die Kooperation ist in
vielen Bereichen vertieft worden. Für viele bedeutet die gemeinsame Wäh-
rungs- und Wirtschaftsunion nicht den letzten Schritt auf diesem Weg. Sie
fordern, dass sich die EU weiter **von einem Staatenbund souveräner
Einzelstaaten hin zu einem Bundesstaat** entwickelt.

Dies würde vor allem auf dem Gebiet der Außen- und Sicherheitspolitik
die **Aufgabe nationaler Souveränität** bedeuten. Die Bereitschaft hierzu
ist jedoch in den einzelnen EU-Mitgliedstaaten unterschiedlich hoch.
Außerdem besteht gerade durch die Osterweiterung eine große Bandbreite
unterschiedlicher ökonomischer Entwicklungsstufen innerhalb der Staaten.

Das Beispiel der gemeinsamen Außen- und Sicherheitspolitik, die in
Maastricht als Ziel formuliert wurde, zeigt, wie schwierig es ist, die einzelnen Regierungen davon zu überzeugen, ihre nationalen Interessen einer gemeinsamen europäischen Linie unterzuordnen. Sehr deutlich wurde dies
vor allem im Vorfeld des **Irakkriegs** Anfang 2003, als Frankreich und die
Bundesrepublik Deutschland auf der einen und Großbritannien und Spanien auf der anderen Seite extrem unterschiedliche Positionen bezogen
und darin jeweils von verschiedenen EU-Ländern unterstützt wurden.

Erweiterung

Der „Eiserne Vorhang" zwischen den westlichen NATO-Ländern und den
Ländern des Warschauer Pakts bildete bis 1990 eine undurchdringliche
Grenze der EU nach Osten. Für den sowjetischen Machtbereich existierte
als Gegenstück zur EU der **„Rat für Gegenseitige Wirtschaftshilfe"**
(RGW, englisch: Comecon). Nach dem **Zusammenbruch des Ostblocks**
orientierten sich dessen ehemalige Mitgliedstaaten nach Westen.

Nach jahrelangen Beitrittsverhandlungen einigten sich die EU-Mitgliedstaaten im Dezember 2002 auf die **Erweiterung der Gemeinschaft um
10 Mitglieder im Jahr 2004** (vgl. S. 103). 2007 traten noch Rumänien und
Bulgarien bei, 2013 Kroatien. Durch diese Erweiterungen umfasst die EU,
mit wenigen Ausnahmen wie z. B. Norwegen, Island, der Schweiz sowie

den meisten Staaten des ehemaligen Jugoslawien und der ehemaligen Sowjetunion, **fast das gesamte Gebiet des europäischen Kontinents**.

Die EU-Osterweiterung bringt eine Reihe von Problemen mit sich. Das
enorme **ökonomische Gefälle** zwischen den westlichen Industriestaaten
und den rückständigen ehemaligen sozialistischen Planwirtschaften muss
mit hohem Aufwand ausgeglichen werden. Die alten Mitgliedstaaten der
EU erklärten sich bereit, hierfür etwa 41 Mrd. Euro bereitzustellen. Vor
allem die Subventionierung der Landwirtschaft der Beitrittsländer, die dort
noch eine sehr wichtige ökonomische Bedeutung hat, birgt große Risiken.
Auch besteht aufgrund des häufig extremen Lohngefälles – etwa zwischen
der Bundesrepublik und Polen – die Angst vor „Sozialdumping".

Die komplizierten und schwer durchschaubaren **Entscheidungsprozesse** der 15 Mitgliedstaaten wurden durch die zwischenzeitliche Ausweitung auf 28 Staaten (seit dem Austritt Großbritannien im Jahr 2020 sind es
27 Staaten) weiter erschwert. Es besteht die Gefahr, dass immer mehr Entscheidungen wegen einer gegenseitigen **Blockade** nicht getroffen werden
können, was zu einer **politischen Erstarrung** führen kann. Dem sollen die
durch den Vertrag von Lissabon geänderten Abstimmungsregeln entgegen-
wirken.

Künftige Erweiterungen

Der Begriff „**Beitrittskandidat**" ist ein Status der EU, den Albanien, Montenegro, Bosnien und Herzegowina, Nordmazedonien, Serbien, die Türkei,
Moldau und die Ukraine haben; die Türkei bereits seit 1999. Die Beitrittsverhandlungen selbst begannen im Oktober 2005. Allerdings ist eine
Vollmitgliedschaft der Türkei in den Mitgliedstaaten höchst umstritten –
seit dem Türkei-Referendum, das die Macht des Präsidenten deutlich
erweitert, mehr denn je. Die Gegner sind der Meinung, der Beitritt der Türkei überdehne die Integrationskraft Europas, da die Türkei ein islamisches
Land sei, das weder wirtschaftlich noch in der Rechtsstaatlichkeit den europäischen Standards entspreche. Bei einer Umfrage im Jahre 2017 sprachen
sich 77 % der Europäer gegen einen EU-Beitritt der Türkei aus.

Der Russland-Ukraine-Krieg seit 2022 hat dazu geführt, dass die Ukraine
und Moldau vergleichsweise schnell den Status eines EU-Beitrittskan-
didaten erhielten.

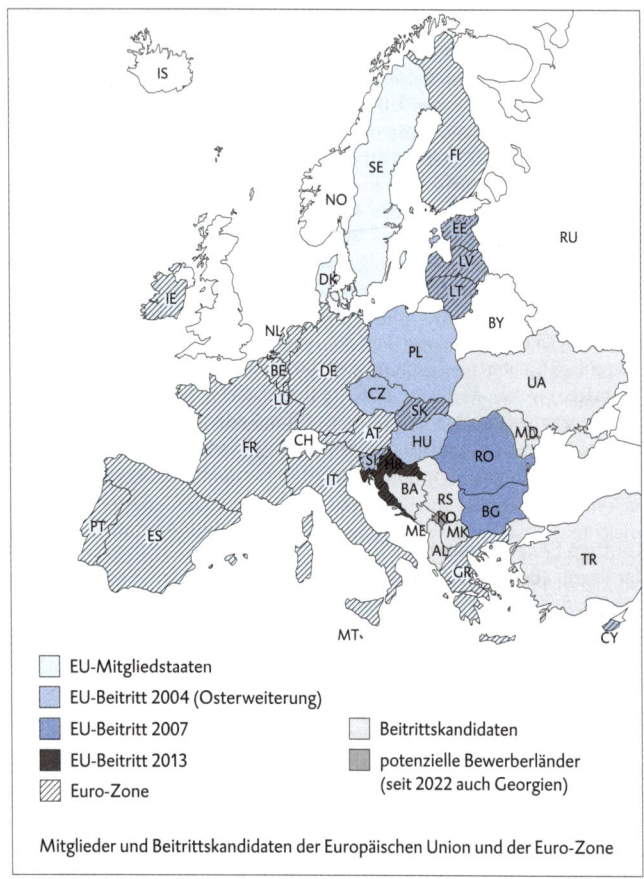

EU-Mitgliedstaaten
EU-Beitritt 2004 (Osterweiterung)
EU-Beitritt 2007   Beitrittskandidaten
EU-Beitritt 2013   potenzielle Bewerberländer
Euro-Zone   (seit 2022 auch Georgien)

Mitglieder und Beitrittskandidaten der Europäischen Union und der Euro-Zone

Probleme und Kritik

Die EU und ihre Arbeitsweise sind in den Mitgliedsländern immer wieder Gegenstand der Kritik. Folgende Bereiche werden am häufigsten diskutiert.

Demokratie-Defizit: Der Aufbau der EU entspricht nicht den Standards moderner repräsentativer Demokratien. Das einzige demokratisch legitimierte Organ, das Europäische Parlament, besitzt lediglich eine, wenn auch durch den Vertrag von Lissabon weiter aufgewertete, untergeordnete

Bedeutung – weder hat es die volle legislative Gewalt inne, noch geht aus ihr die Exekutive hervor. Die entscheidende Macht innerhalb der EU sind weiterhin die nationalen Regierungen. Sie bilden den Ministerrat und damit das Schwergewicht der Legislative und sie entscheiden über die Zusammensetzung der Kommission und damit der Exekutive. Dadurch **mangelt** es innerhalb der EU **an demokratischer Legitimation und an einer echten Gewaltenteilung** zwischen Exekutive und Legislative. Die fehlende, auch öffentliche Kontrolle der Kommission bedeutet außerdem einen **Mangel an Transparenz**. Das Zustandekommen wichtiger EU-Normen bleibt in der Öffentlichkeit oft unbemerkt und wird im Ergebnis dann kritisiert. Die wenig transparenten Entscheidungswege erleichtern zudem den Lobbyismus von Industrie und anderen Interessenvertretern, was einen weiteren Demokratiemangel bedeuten kann.

Nationaler Egoismus: Innerhalb der EU und seiner Organe herrscht nach wie vor **nationaler Proporz**, d. h., die Anzahl der Sitze und Ämter (z. B. in der Europäischen Kommission) richtet sich nach dem Stärkeverhältnis der einzelnen Mitgliedstaaten. So versucht jeder Staat im Ministerrat und über seine Beamten und Kommissare in der Exekutive die eigenen nationalen Interessen durchzusetzen. Dies wird außerdem noch dadurch erleichtert, dass für viele Beschlüsse eine Einstimmigkeit im Ministerrat gefordert wird. So können durch die Drohung, wichtige Entscheidungen zu blockieren, Privilegien durchgesetzt werden.

Bürokratie: Die EU wird in Brüssel durch einen aufwendigen Beamtenapparat verwaltet. Die oft ineffizienten Prozeduren haben jedoch häufig ihre Ursache in der Größe der Union: Zum einen macht die **Vielsprachigkeit** der EU Permanentübersetzungen in die Verkehrssprachen erforderlich und zum anderen sind die Erfassung und Harmonisierung der **zahlreichen nationalen Normen** hoch komplex.

Zentralismus: Häufig wird der EU vorgeworfen, ihre Arbeit und der Einfluss ihrer Institutionen bedeuten eine zentralistisch gesteuerte Vereinheitlichung und Dirigismus für die Mitgliedstaaten. Dieser Kritik soll durch den Grundsatz des **Regionalismus** entgegengewirkt werden. Nach dem Prinzip der Subsidiarität ist es das Ziel, dass innerhalb der EU jede Entscheidung an der untersten möglichen Stelle getroffen wird (vgl. S. 29).

Neben den oben genannten Kritikpunkten an der EU stand in der Debatte über den Brexit in Großbritannien im Jahr 2016 auch die Angst vor einer ungebremsten Zuwanderung von Ausländern im Mittelpunkt der Austrittskampagne. Wie sich der Austritt Großbritanniens langfristig auf die Zukunft der EU auswirken wird, ist noch offen. Zum einen kann befürchtet werden, dass auch in anderen Ländern, wie etwa in Dänemark oder in den Niederlanden, Austrittsbewegungen an Zustimmung gewinnen und somit ein Zerfall der EU eingeleitet wird. Zum anderen besteht jedoch die Hoffnung, dass die EU den „Brexit" zum Anlass nimmt, sich ernsthaften Reformbemühungen zu unterziehen und damit die Akzeptanz der EU in der Bevölkerung zu erhöhen. Außerdem dürften sich vermutlich die abzusehenden negativen Folgen des Austritts für Großbritannien abschreckend auf andere Länder Europas auswirken.

Ein Modell, das den Widerspruch zwischen Vertiefung der Beziehungen und Erweiterung um weniger entwickelte Länder lösen soll, ist das **„Europa der zwei Geschwindigkeiten"**. Danach sollen weiter entwickelte Staaten in manchen Gebieten stärker zusammenarbeiten, während sich andere Länder in einem loseren Verhältnis diesem Kerneuropa angliedern.

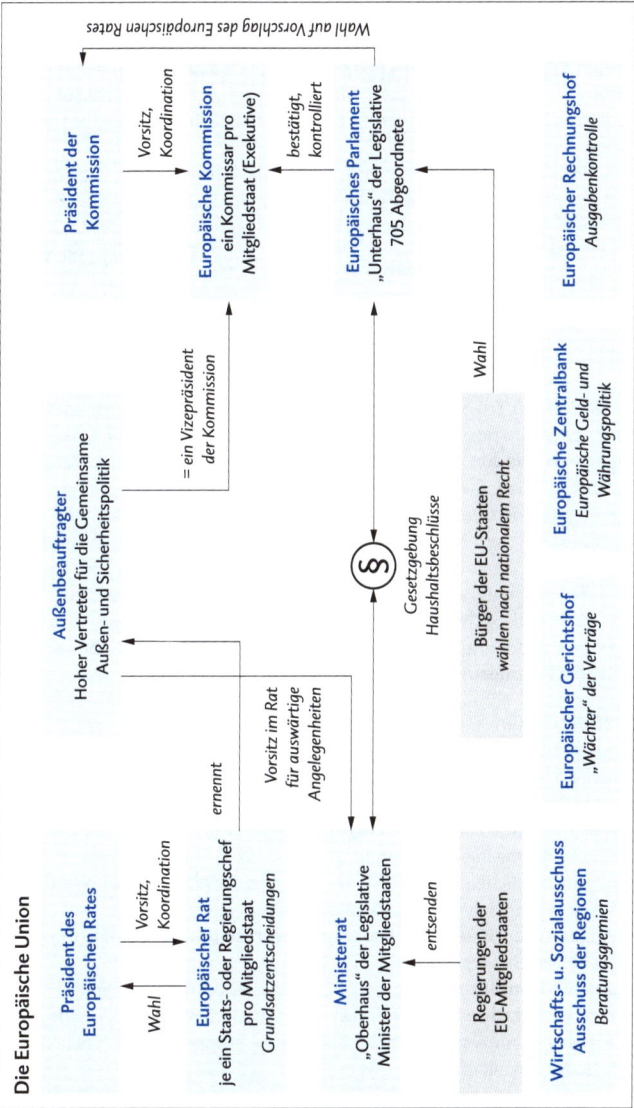

Die Europäische Union

Präsident des Europäischen Rates

Wahl ↕ Vorsitz, Koordination →

Europäischer Rat
je ein Staats- oder Regierungschef pro Mitgliedstaat
Grundsatzentscheidungen

ernennt →

Außenbeauftragter
Hoher Vertreter für die Gemeinsame Außen- und Sicherheitspolitik

= ein Vizepräsident der Kommission

Vorsitz im Rat für auswärtige Angelegenheiten

Präsident der Kommission

Vorsitz, Koordination →

Europäische Kommission
ein Kommissar pro Mitgliedstaat (Exekutive)

bestätigt, kontrolliert

Wahl auf Vorschlag des Europäischen Rates

Europäisches Parlament
„Unterhaus" der Legislative
705 Abgeordnete

Wahl ↑

§

Gesetzgebung
Haushaltsbeschlüsse

Ministerrat
„Oberhaus" der Legislative
Minister der Mitgliedstaaten

entsenden ↑

Regierungen der EU-Mitgliedstaaten

Bürger der EU-Staaten wählen nach nationalem Recht

Wirtschafts- u. Sozialausschuss Ausschuss der Regionen
Beratungsgremien

Europäischer Gerichtshof
„Wächter" der Verträge

Europäische Zentralbank
Europäische Geld- und Währungspolitik

Europäischer Rechnungshof
Ausgabenkontrolle

3 Kollektive Friedenssicherung durch internationale Organisationen

In einer multilateral geprägten Welt sind einzelne Staaten oft überfordert, Konflikte und Krisen zu überwinden und so den Frieden zu sichern. Ein System zahlreicher internationaler Organisationen, die sich auf einen Kontinent beschränken oder auch global ausgerichtet sind, soll für kollektive Sicherheit sorgen. Aus der Sicht der Bundesrepublik Deutschland sind neben der bereits behandelten **Europäischen Union** die **NATO**, die **OSZE** und die **UN** die wichtigsten internationalen Organisationen zur Friedenserhaltung.

3.1 Friedensrisiken und Friedenssicherung

Der Begriff des Friedens ist nicht eindeutig besetzt. So unterscheidet man zwischen einem positiven und einem negativen Friedensbegriff. Unter dem **negativen Frieden** versteht man lediglich die Abwesenheit von personeller Gewalt, Frieden wird hier also nur als Gegenteil von Krieg verstanden. Der Begriff **positiver Frieden** bedeutet dagegen den Idealzustand einer harmonischen, allseits befriedeten und gerechten Welt, in der es keine indirekte und strukturelle Gewaltausübung gibt. Das heißt, es herrscht persönliche Friedfertigkeit und soziale Gerechtigkeit, Konflikte werden gewaltfrei gelöst und die Natur wird geschont statt ausgebeutet. Der Weg vom negativen Frieden zum positiven Frieden wird als **Prozess der schrittweisen Minimierung von Friedensgefährdungen** angesehen.

Friedensrisiken

Der gewaltsame Ausbruch von Konflikten kann verschiedene Ursachen haben. Im konkreten Einzelfall wirken meist mehrere der folgenden Gründe zusammen:

- **Machtkonkurrenz und Hegemonialstreben**, Kampf um die Vormachtstellung in einer Region;
- unterschiedliche, einander bekämpfende **Weltanschauungen** und Ideologien und daraus resultierende Systemgegensätze;
- ökologische Risiken und **Ressourcenverknappung** (Kampf um Rohstoffe wie Öl oder Wasser);
- **soziale Konflikte** (Überbevölkerung, Massenarmut, Migration);
- **ethnisch-nationale Konflikte:** Kein friedlicher Interessensausgleich angesichts unterschiedlicher Bevölkerungsgruppen, die keine einheitliche Nation bilden;

- **politische Herrschaftssicherung** aus Furcht vor einer Bedrohung von außen oder Ablenkung von innenpolitischen Konflikten.

In der Realität beeinflussen sich diese Dimensionen so, dass jeder Konflikt auf ein Bündel solcher Ursachen zurückzuführen ist.

Konzepte der Friedenssicherung

Um Krieg zu vermeiden und einen möglichst positiven Frieden herzustellen, versuchen die Staaten, die oben genannten Risiken einzudämmen. Hierfür gibt es verschiedene Ansätze:

- Internationale politische Konzeptionen sind auf eine **politische Stabilität** ausgerichtet, z. B. durch ein **Gleichgewicht der Kräfte** oder die Integration von Nationalstaaten in supranationale Organisationen.
- Innerstaatliche politische Konzeptionen haben die Schaffung innerer politischer Stabilität durch **Demokratie, sozialen Ausgleich und Wohlstand** zum Ziel.
- Militärische und sicherheitspolitische Konzeptionen, die Krieg durch **Militärbündnisse**, Abschreckung oder Abrüstung verhindern wollen.
- Strategien zur **Entwicklung der Dritten und Vierten Welt** zur Reduzierung sozialer, ökologischer und ethnisch-nationaler Konflikte.
- **Ökologische und subjektorientierte Konzeptionen** setzen bei den Individuen an und versuchen durch Friedenserziehung, ein ökologisch bewusstes Leben und einen alternativen Lebensstil eine Atmosphäre friedlicher Konfliktlösung zu schaffen.

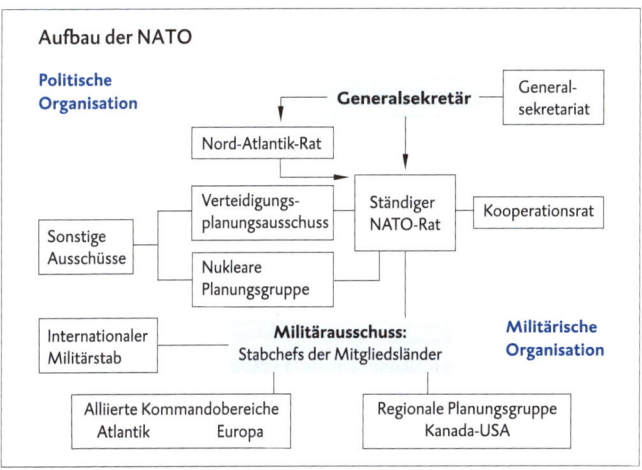

Aufbau der NATO

3.2 Geschichte und Aufbau der NATO

Die NATO ist ein Bündnis, das internationale **Zusammenarbeit auf freiwilliger Basis** zwischen unabhängigen und souveränen Staaten organisiert. Dementsprechend gibt es auch **keine Zentralgewalt** – Entscheidungen werden gemeinsam getroffen. Wird kein Konsens in einer Frage erzielt, so steht es jedem Land frei, das eigene Handeln selbst zu bestimmen.

Geschichte

Nach der Kapitulation Deutschlands und der damit verbundenen Auflösung der Anti-Hitler-Koalition kam es, ausgelöst durch die **Expansionspolitik der UdSSR**, zu einem Konflikt zwischen Kapitalismus und Kommunismus. Der **Ost-West-Gegensatz** entwickelte sich zu einem Systemkonflikt, der Stellvertreterkriege in Asien, Afrika und Südamerika hervorrief. Die USA versuchten, die westeuropäischen Demokratien zu schützen und strebten ein langfristiges, politisches und militärisches Engagement in Europa an. Dies führte zur Unterzeichnung des **Nord-Atlantik-Vertrags (4. April 1949)**.

Mit diesem Vertrag wurde ein Bündnis unabhängiger Staaten mit folgenden gemeinsamen Interessen geschaffen:

- Erhaltung des Friedens;
- Verteidigung der Freiheit durch politische Solidarität;
- angemessene militärische Verteidigung zur Abschreckung und notfalls Abwehr jeglicher Form von Aggression gegen die Mitgliedstaaten.

Das Bündnis gründete sich auf der Grundlage des Art. 51 der UN-Charta, der das naturgegebene Recht zu individueller und kollektiver Verteidigung bekräftigt. **Gründungsmitglieder** der NATO waren Belgien, Dänemark, Frankreich, Großbritannien, Island, Italien, Kanada, Luxemburg, die Niederlande, Norwegen, Portugal und die USA. 1952 kamen Griechenland und die Türkei, 1955 Westdeutschland, 1982 Spanien und 1999 die Tschechische Republik, Polen und Ungarn hinzu. 2004 traten Estland, Lettland, Litauen, Bulgarien, Rumänien, Slowenien und die Slowakei bei, 2009 Albanien und Kroatien, 2017 Montenegro, 2020 Nordmazedonien, 2023 Finnland.

Nach dem Nord-Atlantik-Vertrag behalten alle Mitgliedstaaten ihre **volle Souveränität und Unabhängigkeit**. Sie verpflichten sich, bei Konflikten untereinander den friedlichen Ausgleich zu suchen, politisch und wirtschaftlich zusammenzuarbeiten und den bewaffneten Angriff auf ein oder mehrere Mitgliedsländer als Angriff gegen alle Mitgliedstaaten zu betrachten. Damit ist aber **keine militärische Beistandsverpflichtung** verbunden.

Die Geschichte der NATO lässt sich grob in vier Phasen unterteilen:

- **Bis 1966** standen der Ausbau der Organisation und deren Konsolidierung im klaren **Ost-West-Gegensatz** auf der Tagesordnung. Die atomare Bewaffnung sollte eine möglichst große, abschreckende Wirkung erzielen und den Gegner vom Einsatz nuklearer Waffen abhalten. Die konventionellen Streitkräfte sollten bewirken, dass ein Angriff auf NATO-Gebiet so hohe Kosten erzeugt, dass der Gegner von einem Angriff absieht. In diese Phase fiel 1966 der Austritt Frankreichs aus der militärischen Kommandostruktur des Bündnisses. Die oberste Kommandobehörde Europas wurde von Frankreich nach Belgien verlegt. Ungeachtet dessen blieb Frankreich aber Mitglied der NATO.

- Von **1966 bis 1973** begann neben der Strategie der Abschreckung die **Entspannungsphase** des Ost-West-Konflikts. Es gab erste Ansätze zur wirtschaftlichen, technischen, kulturellen und wissenschaftlichen Zusammenarbeit zwischen den beiden Machtblöcken. Durch **Rüstungskontrollverträge** sollte das ungehemmte Wettrüsten eingedämmt werden.
- Die dritte, **bis zum Zusammenbruch der UdSSR** reichende Phase war von internen Irritationen geprägt. Sowohl der **NATO-Doppelbeschluss** von 1979, der eine atomare Nachrüstung in Europa zur Folge hatte, als auch amerikanische Pläne für den Aufbau eines Systems von Abwehrraketen im Weltraum **(SDI)** bewirkten in Europa die Bildung von Friedensbewegungen, die die NATO-Einbindung der eigenen Staaten kritisierten.
- Schließlich begann mit Gorbatschows Politik in der Sowjetunion Mitte der 1990er-Jahre die **Überwindung des Ost-West-Gegensatzes**, die seit dem Zusammenbruch des Warschauer Pakts zu einer Neuorientierung der NATO führte, die bis zum Ausbruch der Ukraine-Krise andauerte.

Aufbau

Die NATO gliedert sich in eine politische und eine militärische Organisation (s. Schaubild S. 116). Das **politische Führungsorgan, der Nord-Atlantik-Rat**, besteht aus den Regierungschefs bzw. Verteidigungsministern aller Mitgliedstaaten und tagt zweimal jährlich unter dem Vorsitz des NATO-Generalsekretärs. Ein ständiger NATO-Rat besteht aus den NATO-Botschaftern der Mitgliedstaaten. Der **NATO-Generalsekretär** repräsentiert die NATO nach außen und organisiert intern die Entscheidungsfindungsprozesse, wobei er bei Meinungsverschiedenheiten der Mitgliedstaaten vermitteln soll. Er ist außerdem Vorsitzender der nuklearen Planungsgruppe und des Verteidigungs-Planungsausschusses.

Das höchste militärische Organ ist der Militärausschuss – das gemeinsame Oberkommando in Friedenszeiten –, dem die Chefs der Generalstäbe angehören. Es gibt einen obersten alliierten Befehlshaber „Atlantik", dessen Sitz in den USA ist, und einen obersten alliierten Befehlshaber „Europa" in Belgien. Seit 2009 ist auch Frankreich in die militärische Organisation der NATO wieder voll eingegliedert.

3.3 Neuorientierung der NATO

Die NATO wurde 1949 als Verteidigungsbündnis westlicher Staaten gegenüber dem sowjetischen Machtbereich gegründet. Durch den Zusammenbruch der UdSSR und des Warschauer Pakts **1991 änderte sich die Ausrichtung der NATO**. Ausdruck dafür war das Programm „**Partnerschaft für den Frieden**", das zur Vertrauensbildung mit den ehemaligen Ostblockstaaten führen sollte. Seit Ausbruch des Russland-Ukraine Krieges hat sich das strategische Konzept allerdings wieder gewandelt. Verteidigung und Sicherheit stehen im Mittelpunkt. Auf dem Gipfel in Madrid wurde das strategische Konzept 2022 verabschiedet.

Aufgaben der NATO
Die Fähigkeit zur kollektiven Verteidigung bleibt die Kernfunktion der Allianz. Die NATO kann sich aber nicht allein auf diese Aufgabe beschränken, wenn sie den sicherheitspolitischen Herausforderungen gerecht werden will. Neben der **klassischen Aufgabe der kollektiven Verteidigung** stellen sich die NATO deshalb folgenden Aufgaben:
- Stabilisierung von Frieden und Sicherheit;
- Stabilitätstransfer in Krisenregionen;
- Kooperation mit Nicht-NATO-Staaten;
- Konfliktverhütung und Krisenmanagement in und für Europa.

Ein wesentlicher Bestandteil ist die **Erweiterung der NATO nach Osten**. 1999 wurden mit Polen, Ungarn und der Tschechischen Republik die ersten drei ehemaligen Mitgliedstaaten des Warschauer Pakts in die NATO aufgenommen.

Infolge des Russland-Ukraine-Krieges hat Finnland seinen jahrzehntelangen Weg der Neutralität aufgegeben und ist seit 2023 Mitglied der NATO.

Im strategische Konzept wird **Russland** als **Bedrohung für die europäische Sicherheit** bezeichnet. Es wolle die Grenze in Europa unter Anwendung von Gewalt verändern und könne nicht als Partner betrachtet werden. Dennoch sollen Kommunikationskanäle offengehalten werden. Auch **China** rückt in den Fokus. Seine Cyberoperationen und Desinformationskampagnen schaden laut NATO-Konzept der Sicherheit des Bündnisses.

Unter anderem werden folgende Ziele genannt:
- Die **NATO-Einsatzkräfte** werden **aufgestockt**.
- Die Fähigkeit zur **Unterstützung bei der zivilen Krisenbewältigung** soll weiterentwickelt werden.

- Die Nato soll zur **Expertin in Sachen „sicherheitspolitische Folgen des Klimawandels"** werden.
- Die **enge Zusammenarbeit mit „Gleichgesinnten"** soll vorangetrieben werden (Die Tür für neue Mitglieder bleibt offen.).

Kritik an der NATO

In den Augen von Kritikern erhebt die NATO – und vor allen Dingen ihre Führungsmacht USA – einen **imperialen Weltherrschaftsanspruch**. Durch die Bereitschaft, in regionalen Krisenherden zu intervenieren, maßt sich die Organisation die Rolle einer Weltpolizei an, die in Selbstjustiz die Definitionsmacht über Gut und Böse beansprucht und ihre Wertvorstellungen gewaltsam durchsetzt.

Drei Kernaufgaben der NATO

| kollektive Verteidigung: gegenseitige Unterstützung der Mitglieder bei Angriffen von außen | Krisenprävention und -bewältigung: Verhinderung von Krisen bzw. Stabilisierung nach Konflikten | kooperative Sicherheit: Förderung der Zusammenarbeit mit Nicht-NATO-Staaten (v. a. EU) |

3.4 Die Rolle der Bundeswehr

Nach dem Zweiten Weltkrieg wurde Deutschland entmilitarisiert. Erst nach der politischen Westintegration der Bundesrepublik wurde (zeitgleich mit dem NATO-Beitritt und mit Unterstützung der westlichen Siegermächte) **1955** die Politik der **Wiederbewaffnung** durchgeführt. Die neu entstandenen Streitkräfte nannten sich Bundeswehr und unterschieden sich deutlich von den Vorgängerarmeen Reichswehr und Wehrmacht.

- Die Bundeswehr war bis 2011 eine **Wehrpflichtigenarmee**, die das Ideal eines „**Staatsbürgers in Uniform**" verfolgte. Mit der Aussetzung der Wehrpflicht ab 2011 wandelt sich die Bundeswehr zu einer Berufsarmee mit reduzierter Truppenstärke.
- Nach dem Grundgesetz ist die Bundeswehr eine **Verteidigungsarmee**, die nur zur Wahrung des Friedens einem Verteidigungsbündnis beitreten darf und der Angriffskriege ausdrücklich verboten sind.
- Die Achtung der Menschenwürde besitzt oberste Priorität.
- Anders als in der Weimarer Republik bildet die Bundeswehr keinen Staat im Staat, sondern untersteht eindeutig dem **Primat der Politik**. Den Oberbefehl im Frieden hat der Bundesverteidigungsminister inne, im Verteidigungsfall der Bundeskanzler. Die Streitkräfte sind der politischen Kontrolle des Bundestags unterworfen und werden, insbesondere durch den Wehrbeauftragten, auf die Einhaltung der Grundrechte kontrolliert.
- Nach Art. 4 (3) GG durfte niemand gegen sein Gewissen zum Dienst mit der Waffe gezwungen werden. Für den Fall der Wehrdienstverweigerung war seit 1960 ein Zivildienst abzuleisten. Mit dem Wegfall der Wehrpflicht endete auch die Einrichtung des Zivildienstes.

Veränderte strategische Bedeutung seit 1990/91
Seit der Wiedervereinigung 1990 strebt die Bundesrepublik international eine stärkere Rolle an (vgl. S. 101). Besondere Bedeutung hat dabei das **Urteil des Bundesverfassungsgerichts vom Juli 1994:** Demnach sind Bundeswehreinsätze im Rahmen von Systemen kollektiver Sicherheit (z. B. UN) und Systemen kollektiver Verteidigung (NATO) mit dem Grundgesetz vereinbar, wenn die Einsätze der **Friedenswahrung** dienen. Allerdings verlangt das BVerfG für einen derartigen Einsatz nicht nur den Beschluss der Bundesregierung, sondern auch die mit einfacher Mehrheit getroffene **Zustimmung des Bundestages**.

Nach unbewaffneten Einsätzen mit humanitärem Auftrag in Kambodscha und Somalia wurde 1995 zum ersten Mal ein eingeschränktes Mandat für einen Einsatz der Bundeswehr im **Rahmen von NATO- und UNO-Aktionen** in Bosnien-Herzegowina erteilt. Seither wurde die Bundeswehr z. B. im Kosovo-Krieg 1999, in Mazedonien und in Afghanistan eingesetzt.

Bundeswehrreform

Angesichts der vielfältigen Aufgaben innerhalb der internationalen Staaten-gemeinschaft und der gewandelten Anforderungen (beispielsweise infolge des Russland-Ukraine-Krieges) ist eine grundlegende Reform der Bundes-wehr notwendig.

Um innerhalb der NATO-Strategie multinationale Einsätze unterstützen zu können, werden zum Beispiel folgende Dinge gefordert:

* ein höherer Verteidigungshaushalt
* Verbesserung hin zu einer einsatzbereiten, kampfstarken und durch-haltefähigen Bundeswehr
* bessere Beachtung großer sicherheitspolitischer Zusammenhänge

Deutsche Einsatzkräfte wirken zusätzlich in einer **Krisentruppe der EU** mit. Dabei werden pro Halbjahr zwei solcher Truppen in Bereitschaft gehal-ten, um im Falle einer Krise innerhalb weniger Tage im Einsatzland sein zu können. Eine **EU-Battlegroup** besteht aus ca. 1 500 Personen, die immer aus mehreren Ländern stammen. Insgesamt wandelt sich also die Bundes-wehr von einer Armee, die sich auf die Sicherung großer Räume im Rahmen der **Landesverteidigung** konzentrierte, hin zu einer bei internationalen Krisen **flexibel einsetzbaren Interventionstruppe**.

Probleme

* Die geforderte Verbesserung der Bundeswehr schafft einen enormen **Finanzbedarf.** Neben dem noch im Februar 2022 als Reaktion auf den Überfall Russlands auf die Ukraine verkündeten Sondervermögen von 100 Milliarden € steht auch die Verpflichtung, mindestens 2 % des Bruttosozialprodukts jährlich im Bundeshaushalt für Rüstungsausgaben aufzuwenden. Demgegenüber steht die Vorgabe, im Staatshaushalt oh-ne Neuverschuldung auszukommen.
* Durch den Wegfall der Wehrpflicht ist es **schwierig, ausreichend Per-sonal** zu finden.
* Mit der Wehrpflicht entfällt auch der Zivildienst, was den **karitativen Einrichtungen Personalnöte** beschert.

3.5 Organisation für Sicherheit und Zusammenarbeit in Europa (OSZE)

Die OSZE ist ein regionales Sicherheitssystem, das eine Zusammenarbeit aller europäischen Staaten anstrebt. Im Rahmen der Ost-West-Entspannung Anfang der 1970er-Jahre trat 1973 die **Konferenz für Sicherheit und Zusammenarbeit in Europa** (KSZE) erstmals in Helsinki zusammen. 33 europäische Staaten sowie die USA und Kanada unterzeichneten nach zweijährigen Verhandlungen **1975** die **Schlussakte von Helsinki**.

Deren Regelungen und Absichtserklärungen wurden in drei sogenannten Körben zusammengefasst. **Korb 1** sollte dem friedlichen Zusammenleben der Staaten und deren Sicherheit dienen. Die darin enthaltenen zehn Prinzipien entwickelten eine eigene Dynamik, da sich viele **Menschenrechtsgruppen in den Ländern des Ostblocks** auf sie berufen konnten. In diesen Prinzipien wurde unter anderem Folgendes festgelegt:

- die Achtung der Menschenrechte und Grundfreiheiten;
- die Enthaltung von der Androhung oder Anwendung von Gewalt;
- das Bekenntnis zum Selbstbestimmungsrecht der Völker.

Den Interessen der Ostblock-Staaten wurde durch die Zusicherung der Unverletzlichkeit der nach dem Zweiten Weltkrieg geschaffenen Grenzen und der territorialen Integrität der Staaten Rechnung getragen. Auch die Zusicherung der Nicht-Einmischung in innere Angelegenheiten sicherte die kommunistischen Diktaturen vor allzu massiven westlichen Interventionen.

In **Korb 2** wurde die Zusammenarbeit auf den Gebieten Wirtschaft, Wissenschaft und Technik sowie in Umweltfragen durch mehrere Vereinbarungen beschlossen. **Korb 3** enthielt verschiedene Regelungen, mit denen die Intensivierung menschlicher Kontakte über die Staats- und Blockgrenzen hinaus sowie die Lösung humanitärer Probleme und die Verstärkung der kulturellen Zusammenarbeit angestrebt wurden. Die alle zwei Jahre stattfindenden **Folgekonferenzen**, die die Einhaltung der Vereinbarungen überprüfen und weiter entwickeln sollten, litten jedoch seit Ende der 1970er-Jahre unter dem schlechter werdenden Ost-West-Klima, weshalb es zu einer zeitweiligen Lähmung der KSZE kam.

Umwandlung in die OSZE

Nach dem sich abzeichnenden Zusammenbruch des Ostblocks verkündeten die KSZE-Staaten 1990 in der **Charta von Paris** das Ende des Zeitalters der Konfrontation und verpflichteten sich zu pluralistischer Demokratie, Rechtsstaatlichkeit sowie zur Verwirklichung der Menschenrechte. Zusätzlich zu den bestehenden turnusmäßig stattfindenden Konferenzen wurde nun eine **ständige Organisation** in Wien mit Ministerrat, ständigem Rat und Generalsekretär sowie weiteren Institutionen aufgebaut – dementsprechend wurde die Konferenz in Organisation umbenannt.

Die OSZE sieht ihre Hauptaufgabe auf dem Gebiet der **präventiven Diplomatie innerhalb des europäischen Kontinents**. Dementsprechend ist sie in Missionen engagiert, die Informationen einholen und für eine objektive Berichterstattung innerhalb der Teilnehmerstaaten sorgen sollen. Ziel der OSZE-Missionen ist es, durch ihre Präsenz vor Ort angespannte Situationen zu beruhigen und zusammen mit allen beteiligten Parteien einen Rahmen für die friedliche Lösung von Konflikten zu schaffen. Hierzu gehören vor allem auch die Beobachtung von Wahlen sowie die Vermittlung von Abkommen zwischen Konfliktparteien und die Überwachung, ob diese Abkommen eingehalten werden.

Zukünftige Entwicklung

Durch die Aufnahme der ehemaligen Staaten der Sowjetunion wurde die OSZE einerseits zwar unübersichtlicher und konfliktreicher, andererseits wurde dadurch aber auch eine **Brücke in Richtung islamischer und asiatischer Welt** geschlagen. Die OSZE konnte durch die Integration von Ost- und Westeuropa im Gegensatz zu anderen Organisationen wie EU oder NATO den Vorteil nutzen, dass die Staaten Osteuropas repräsentiert wurden. Es bestand die berechtigte Hoffnung, neue Konflikte zwischen Ost und West vermeiden zu können. Seit dem Russland-Ukraine-Krieg werden allerdings Stimmen laut, die einen Ausschluss Russlands aus der OSZE fordern, es wird von einer existenziellen Krise der Organisation gesprochen.

3.6 Ziele und Tätigkeitsbereiche der UNO

Die UNO (United Nations Organization) wurde am 26. 6. 1945 als **Reaktion auf die Katastrophe des Zweiten Weltkriegs** durch 51 Staaten in der US-amerikanischen Stadt San Francisco gegründet. Ihr Ziel war es, „künftige Geschlechter vor der Geißel des Krieges zu bewahren". Mittlerweile wuchs die Anzahl ihrer Mitglieder auf 193 an. Mit wenigen Ausnahmen (Demokratische Arabische Republik Sahara, Taiwan, Türkische Republik Nordzypern und Vatikanstadt) sind somit sämtliche Staaten der Welt in den Vereinten Nationen vertreten.

Grundsätze und Ziele

Die Grundsätze und Ziele der Vereinten Nationen sind festgelegt in ihrer Gründungs-Charta. Als Hauptziel wird dort die **Wahrung des Weltfriedens** und der internationalen Sicherheit genannt. Diesem Ziel dient das Bemühen, freundschaftliche, auf der Achtung vor den Grundsätzen der Gleichberechtigung und der Selbstbestimmung der Völker beruhende Beziehungen zwischen den Nationen zu entwickeln. Außerdem soll eine internationale Zusammenarbeit wirtschaftliche, soziale, kulturelle und humanitäre Probleme lösen und die Achtung der Menschenrechte und Grundfreiheiten für alle ohne Unterschied infolge der Rasse, des Geschlechts, der Sprache oder der Religion fördern und festigen.

In Art. 2 der UN-Charta werden die Grundsätze der Zusammenarbeit festgelegt. Am wichtigsten sind dabei der Grundsatz der **souveränen Gleichheit aller Mitglieder**, unabhängig von ihrer Größe und Stärke, sowie der Verzicht auf das Androhen und Anwenden von Gewalt gegen die territoriale Unversehrtheit oder politische Unabhängigkeit eines anderen Staates. Stattdessen verpflichten sich die Mitglieder, ihre Streitigkeiten durch friedliche Mittel beizulegen und die Vereinten Nationen in ihren Vorbeugungs- und Zwangsmaßnahmen bei Verstößen gegen die Charta zu unterstützen.

Die **politische Realität** hat jedoch gezeigt, dass vor allem die mächtigeren Staaten selten bereit sind, sich demgemäß zu verhalten und sich den Beschlüssen der UN zu beugen. Während des Kalten Kriegs blockierten die Supermächte mithilfe ihres Vetos gegenseitige Initiativen. Dies änderte sich zwar nach Ende des Ost-West-Konflikts. Seit dem Angriff Russlands auf die Ukraine ist der UN-Sicherheitsrat allerdings **wieder blockiert**. Der Organisation fehlt es zudem bis heute an **Sanktionsmitteln**, um einflussreiche Staaten auf die Einhaltung der Charta zu verpflichten, und an einem **Gewaltmonopol** zur Sicherung der Friedensordnung. So führte die NATO 1999 z. B. ohne Beschluss des Sicherheitsrats Krieg gegen Jugoslawien. ohne dass dies zu Konsequenzen geführt hat.

Tätigkeitsbereiche

Gemäß dem in der Charta zugrunde gelegten erweiterten Friedensbegriff sind die UN bemüht, neben der Konfliktlösung präventiv auch **Stabilität durch wirtschaftliche, kulturelle und soziale Entwicklung** herzustellen. Daraus ergeben sich unterschiedliche Tätigkeitsbereiche.

Neben der klassischen Diplomatie innerhalb der UN-Organe, die in New York ihren Sitz haben, unterhalten die UN **zahlreiche Hilfs- und Sonderorganisationen**, die zum einen in akuten Fällen Nothilfe leisten und zum anderen langfristig Hilfe zur Strukturentwicklung geben. Diese sind keine Organe der UN, sondern rechtlich selbstständige Organisationen, die Verträge mit den Vereinten Nationen abschließen. Dies bedeutet eine Dezentralisierung bestimmter Aufgabenbereiche, wobei der Wirtschafts- und Sozialrat (ECOSOC) als UN-Organ die Koordination der verschiedenen Organisationen übernimmt.

Zu den bekanntesten UN-Hilfsorganisationen zählen das Kinderhilfswerk UNICEF und der Hohe Kommissar für Flüchtlinge (UNHCR). Außerdem gibt es z. B. Organisationen für die Bereiche Bevölkerung (UNFPA), Welternährung (WFC), Welthandel (UNCTAD), Siedlungswesen (HABITAT), Katastrophenhilfe (UNDRO) sowie ein Institut zur Förderung der Frau (INSTRAWS). Daneben unterhält die UN eine Reihe von Sonderorganisationen wie z. B. die FAO (Ernährung), UNESCO (Erziehung), WHO (Gesundheit), den IMF (Währung), die Weltbank (IBRD), die IAEA (Atomenergie), die ILO (Arbeit) und die WTO (Welthandel).

Wichtige Bereiche sind unter anderem das **Umweltprogramm der UN**, das sich um den Erhalt der Ozonschicht, die Verhinderung von Wasser- und Luftverschmutzung, die Rettung der Wälder und bedrohter Tiere kümmert. Im Rahmen dieser Bemühungen fand z. B. 2015 in Paris die 21. UN-Klimakonferenz statt, bei der ein Klimaabkommen als Nachfolge des Kyoto-Protokolls beschlossen wurde. Andere Handlungsbereiche sind die **Gleichstellung der Frauen**, die bessere Behandlung von Kindern, der Kampf gegen Drogen, Krankheiten, Hunger usw. Zur Wahrung der Menschenrechte einigten sich die Mitgliedstaaten der UN schon 1948 auf eine **internationale Menschenrechts-Charta**. Erziehung, Ausbildung und Kultur, vor allem in Ländern der Dritten Welt, werden durch die UNESCO gefördert.

Ein weiterer Gegenstand der UN-Tätigkeit ist das **internationale Völkerrecht**. In Den Haag wurde ein Internationaler Strafgerichtshof eingerichtet, der Verbrechen gegen die Menschlichkeit, Verstöße gegen das Völkerrecht und Menschenrechtsverletzungen in internationalen Konflikten ahnden soll. Außerdem wacht der Internationale Seegerichtshof mit Sitz in der Bundesrepublik Deutschland über die Einhaltung des internationalen Seerechts.

3.7   Organisation und Arbeitsweise der UNO

Die wichtigsten Organe der Vereinten Nationen sind die Generalversammlung und der Sicherheitsrat. Neben diesen spielt auch der Generalsekretär eine wichtige Rolle.

Generalversammlung

In der Generalversammlung hat jeder Mitgliedstaat eine Stimme. Sie tritt regelmäßig einmal jährlich zu einer Vollversammlung zusammen, des Weiteren können auch Sondertagungen einberufen werden. Die Generalversammlung ist hauptsächlich ein **Beratungsorgan**, besitzt aber dennoch einige Kompetenzen: Sie setzt den Haushalt der UN fest, wählt die Mitglieder für die UN-Organe und ernennt auf Empfehlung des Sicherheitsrats den UN-Generalsekretär. Die Generalversammlung kann sich zu allen Themen äußern und Resolutionen beschließen, die allerdings nur empfehlenden, keinen verbindlichen Charakter haben.

Sicherheitsrat

Das entscheidende Organ der UN ist der Sicherheitsrat. Er besteht aus fünf ständigen Mitgliedern (Frankreich, Großbritannien, Russland als Nachfolgestaat der Sowjetunion, USA, Volksrepublik China) und zehn nichtständigen Mitgliedern, die von der Generalversammlung jeweils für zwei Jahre nach folgendem Schlüssel gewählt werden: Fünf nichtständige Mitglieder kommen aus Afrika und Asien, je zwei aus Lateinamerika und aus der Gruppe der westlichen Staaten und ein Mitglied aus Osteuropa. Der Weltsicherheitsrat trifft für alle UN-Mitglieder verbindliche Beschlüsse und kann Nebenorgane der UN einsetzen, z. B. UN-Friedenstruppen (Blauhelme).

Die fünf ständigen Mitglieder besitzen ein **Vetorecht**, das sie gegen die Beschlüsse des Sicherheitsrats einsetzen können, d. h., ein Beschluss wird nicht wirksam, wenn eines der ständigen Mitglieder dagegen stimmt. Durch die Einführung des Vetorechts sollte sichergestellt werden, dass die Großmächte nicht durch Beschlüsse der Vereinten Nationen in ihren Interessen beschädigt würden. Ohne diesen Vorbehalt hätten sie sich geweigert, den Beschlüssen einer internationalen Organisation zuzustimmen. Die Vereinten Nationen ohne die Mitgliedschaft von Großmächten wären jedoch ähnlich wirkungslos und damit überflüssig geblieben wie ihr Vorgänger, der „Völkerbund", in dem beispielsweise die USA nie vertreten waren.

Reformbedarf des Sicherheitsrates

Immer wieder wird insbesondere die mögliche Blockade des Sicherheitsrates durch die ständigen Mitglieder kritisiert und ein **Reformbedarf** angemahnt. Ein Beispiel für die fehlende Handlungsfähigkeit des Gremiums war der Völkermord in Ruanda, bei dem innerhalb weniger Wochen Hunderttausende Menschen ermordet wurden. Dem Sicherheitsrat wird vorgeworfen, bei der Sanktionierung bzw. beim Eingreifen in den Konflikt versagt zu haben. Wenige Jahre später wiederholte sich das Szenario in der sudanesischen Region Darfur. Wieder kam es zu Mord und Vertreibung, ohne dass die UN entschlossen handelte. Dies lag an den **nationalen Interessen der Vetomächte** China und USA. China befürchtete, nicht ausreichend am Öl im Sudan beteiligt zu werden. Die USA erkennen den Internationalen Strafgerichtshof nicht an. Seit 2022 blockiert Russland den Sicherheitsrat in Bezug auf den Russland-Ukraine-Krieg.

Ein weiterer Kritikpunkt ist die Zusammensetzung des Sicherheitsrates, der die **Weltordnung von 1945 und nicht die des 21. Jahrhunderts** widerspiegelt. Ganze Kontinente wie Afrika, Regionen wie Lateinamerika oder Kulturkreise wie der Islam sind nicht vertreten. Auch melden Japan und Deutschland, die den Vetomächten Großbritannien und Frankreich sowohl hinsichtlich der Wirtschaftskraft als auch der Bevölkerungszahl überlegen sind, gleichfalls Ansprüche auf einen Vetositz an.

Im Rahmen einer durch den damaligen Generalsekretär Annan angestrebten Reform wurde diskutiert, **weitere ständige Mitglieder** in den Rat aufzunehmen. Brasilien, Indien, Japan und Deutschland erklärten Ende September 2004, sich gegenseitig im Bemühen um einen ständigen Sitz zu unterstützen. Diese Nationen wurden infolgedessen als die **G4-Staaten** bezeichnet. Im Rahmen der Reform sollte auch mindestens ein afrikanischer Staat (Nigeria, Südafrika oder Ägypten) aufgenommen werden. Dabei blieb offen, ob diesen neuen ständigen Mitgliedern ebenfalls ein Vetorecht eingeräumt werden solle. Neben den dann zehn ständigen hätten fortan 14 nichtständige Mitglieder nach dem Rotationsprinzip dem Sicherheitsrat angehört. Nach einem zweiten Reformmodell sind keine neuen ständigen Mitglieder vorgesehen, sondern die Einrichtung einer neuen Kategorie: **„semi-permanente" Sitze**, die auf vier Jahre gewählt und verlängert werden können. Da jedoch jede Änderung des Status quo **Besitzstände** bedroht und mögliche Konkurrenten der Nutznießer benachteiligt, scheint für jede Lösung fraglich, ob sie die erforderliche 2/3-Mehrheit der Vollversammlung und das Plazet aller Vetomächte erreichen kann.

Generalsekretär

Der Generalsekretär ist der von der UN-Generalversammlung gewählte oberste Beamte der Vereinten Nationen. Er verfügt über eine starke Position in der internationalen Politik und innerhalb der Verwaltung der UN. Normalerweise ist er kein Bürger aus dem Kreis der ständigen Mitglieder des

Sicherheitsrats, sondern stammt aus der Gruppe der sog. Dritte-Welt-Staaten, die die Mehrheit in der UN-Vollversammlung besitzen. Der Generalsekretär ist, vergleichbar mit der Exekutive in einem Staat, mit der Umsetzung der Politik beauftragt. Neben der Ausführung der UN-Beschlüsse vermittelt der UN-Generalsekretär in Krisensituationen zwischen den Konfliktparteien, legt Friedenspläne vor und organisiert internationale Konferenzen. 2001 wurde der Friedensnobelpreis zu gleichen Teilen der UN und ihrem damaligen Generalsekretär Kofi Annan (Ghana) verliehen.

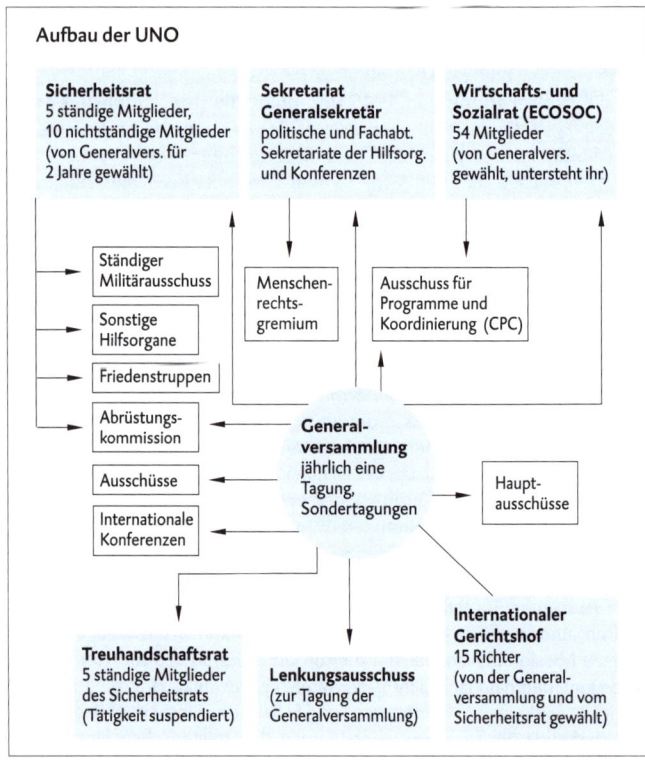

Aufbau der UNO

Sicherheitsrat
5 ständige Mitglieder,
10 nichtständige Mitglieder
(von Generalvers. für
2 Jahre gewählt)

Sekretariat
Generalsekretär
politische und Fachabt.
Sekretariate der Hilfsorg.
und Konferenzen

Wirtschafts- und
Sozialrat (ECOSOC)
54 Mitglieder
(von Generalvers.
gewählt, untersteht ihr)

Ständiger
Militärausschuss

Sonstige
Hilfsorgane

Friedenstruppen

Abrüstungs-
kommission

Ausschüsse

Internationale
Konferenzen

Menschen-
rechts-
gremium

Ausschuss für
Programme und
Koordinierung (CPC)

General-
versammlung
jährlich eine
Tagung,
Sondertagungen

Haupt-
ausschüsse

Treuhandschaftsrat
5 ständige Mitglieder
des Sicherheitsrats
(Tätigkeit suspendiert)

Lenkungsausschuss
(zur Tagung der
Generalversammlung)

Internationaler
Gerichtshof
15 Richter
(von der General-
versammlung und vom
Sicherheitsrat gewählt)

3.8   Friedensmissionen der UNO

Seit der Gründung der UN wurden insgesamt ca. 70 Friedensmissionen (Peacekeeping) der UN unter Beteiligung von Soldaten aus aller Welt unternommen. Die Missionen werden anteilsmäßig durch alle Mitgliedstaaten finanziert, wobei die fünf ständigen Mitglieder des Sicherheitsrats einen höheren Anteil tragen. Seit 1948 wurden dafür ca. 70 Mrd. Dollar ausgegeben. Im Mai 2017 waren ca. 95 000 Soldaten, Polizisten und Militärbeobachter aus über 120 Staaten in 16 verschiedenen Missionen im Einsatz.

Grundlage
Friedensmissionen stellen einen wichtigen Teil der 1992 unter dem Generalsekretär Boutros Boutros-Ghali (Ägypten) verabschiedeten **Agenda für den Frieden** dar.

Dieses Konzept zur Friedenserhaltung umfasst vier Schritte:
- **vorbeugende Diplomatie**, um den offenen Ausbruch von Konflikten zu verhindern;
- **Friedensschaffung** durch Vermittlung einer Einigung zwischen den feindlichen Parteien;
- **Friedenssicherung** durch aktiven Einsatz in einer Konfliktzone;
- **Friedenskonsolidierung**, indem die Konfliktparteien zum friedlichen Wiederaufbau angehalten und darin unterstützt werden.

Im Rahmen des dritten und vierten Schrittes kann es zum Einsatz internationaler Friedenstruppen kommen, deren Entsendung durch den Sicherheitsrat beschlossen wird und der Zustimmung der Konfliktparteien bedarf. Die Bereitstellung von militärischem und zivilem Personal, Material oder Finanzmitteln erfolgt durch die UN in Abstimmung mit dem Sicherheitsrat.

Innerhalb der UN-Friedensmissionen unterscheidet man zwischen **friedenssichernden und friedenschaffenden Maßnahmen**. Bei den friedenssichernden Unternehmungen agieren die entsendeten Personen entweder als Friedenstruppe (Blauhelme), militärische Beobachtergruppe oder zivile Aufbauhilfe unter militärischem Schutz. Diese Truppen dürfen ihre Waffen ausschließlich zur Selbstverteidigung benutzen. Beispiele hierfür sind die Mission in Namibia, mit der die UN 1989/90 das südwestafrikanische Land innerhalb eines Jahres erfolgreich in die Unabhängigkeit führten, sowie die Missionen in Kambodscha und El Salvador. Unter dem Begriff friedenschaffende Maßnahmen versteht man den militärischen Einsatz von Luft-, See- oder Landstreitkräften, auch gegen den Willen von Konfliktparteien, zur Durchsetzung von UN-Beschlüssen. Diese militärischen Operationen finden unter UN-Flagge und Leitung der UN statt. Beispiele hierfür sind der Korea-Krieg 1952 und der zweite Golfkrieg 1991.

Aufgaben

Friedenssichernde Maßnahmen erfüllen je nach Art des Einsatzes unterschiedliche Aufgaben:

- Beaufsichtigung von Waffenstillstandsabkommen, Überwachung von Pufferzonen und Truppenrückzug;
- Demobilisierung und Wiedereingliederung demobilisierter Truppen z. B. durch Hilfeleistungen in Form von Geld oder Bedarfsgütern;
- Entwaffnung von Konfliktparteien durch Sammlung und Vernichtung von Waffen;
- humanitäre Hilfe z. B. durch Lieferung von Lebensmitteln und Medikamenten;
- Wahlhilfe durch Organisation und Beaufsichtigung von Wahlen;
- Wahrung der Menschenrechte durch deren Überwachung;
- Übernahme der Aufgaben der Zivilpolizei durch Überwachung der örtlichen Polizei und Förderung der Achtung der Menschenrechte durch die Sicherheitsorgane;
- Räumung von Minen und Anfertigung von Minenkarten in befriedeten Konfliktgebieten;
- Zusammenarbeit mit regionalen Organisationen zur Förderung und Stabilisierung des Friedens.

Grenzen des Peacekeeping

In den letzten Jahren wird verstärkt von einem **robusten Peacekeeping** gesprochen, wobei UN-Truppen befähigt sein sollen, bei Bruch des Waffenstillstands oder anderen Krisen die Lage militärisch unter Kontrolle zu bringen. Diese Ausweitung der Kompetenzen wurde ausgelöst durch das Scheitern der beiden UN-Operationen in Somalia und im ehemaligen Jugoslawien. Diese aktivere Rolle der UN-Friedensmissionen ist jedoch nicht unproblematisch. Einerseits wird sie gerechtfertigt durch massive Verbrechen gegen die Menschlichkeit, die ein Eingreifen moralisch erforderlich machen, andererseits wird die **Souveränität des betroffenen Staates** durch diese sogenannten humanitären Interventionen missachtet. Auch die **Effizienz** des robusten Peacekeepings wird angezweifelt, da Friedenstruppen nicht wirksam gegen Zivilisten vorgehen können und dadurch auch gegen Guerilla-Truppen, die in vielen Ländern eine zentrale Rolle spielen, nur sehr geringe Erfolgsaussichten haben.

Ein weiteres Problem liegt in der **Struktur** der UN. Die fünf Vetomächte des Sicherheitsrats können die Entsendung von Friedensmissionen jederzeit blockieren. Dadurch wirkt deren Einsatz häufig willkürlich bzw. kann als opportun für die Großmächte angesehen werden, die sich in ihren Machtinteressen nicht durch UN-Truppen stören lassen wollen.

4 Felder der Friedenssicherung

4.1 Rüstungskontrollpolitik

Der Begriff Rüstungskontrollpolitik bedeutet die **Kontrolle, Transparenz und Begrenzung von Waffensystemen und industriellen Kapazitäten hinsichtlich der Entwicklung und Produktion militärischer Waffen**. Das Idealziel ist die waffenlose Gesellschaft, die Konflikte auf friedlichem Wege löst. Während des Kalten Krieges kamen die USA und die UdSSR zu der Einsicht, dass man durch Verringerung der Kriegsmaterialkapazität die **Wahrscheinlichkeit eines Waffeneinsatzes herabsetzen** müsse. Erst durch Verhandlungen über Rüstungskontrollen und den Abbau von Rüstung konnte deshalb die Rüstungsspirale eingeschränkt werden.

Seither ist die Rüstungskontrollpolitik ein wichtiger Bestandteil der Friedenssicherung und wird international betrieben. Das wichtigste multilaterale Rüstungskontrollabkommen ist der von fast allen Ländern der Erde unterschriebene **Atomwaffen-Sperrvertrag** aus dem Jahr 1968, der die Verbreitung von Nuklearwaffen einschränken soll. Das Beispiel Nordkorea zeigt, wie sensibel die Weltgemeinschaft auf den Bruch dieses Vertrages reagiert. Auf der UN-Konferenz 2022 sollten Fristen zum Abbau von Nuklearwaffen getroffen werden, was jedoch durch Russland blockiert wurde.

Abrüstungspolitik umfasst drei Aspekte:
- Abrüstung (Verminderung des Waffenarsenals);
- Rüstungsbegrenzung, die einen Rahmen für Rüstungsentwicklungen vorgibt, sich aber nicht auf bereits bestehende Waffensysteme auswirkt;
- Rüstungskontrolle, die sich auf einen ausgeglichenen und kontrollierten Stand bestehender Waffensysteme richtet.

Die **Auflösung der Sowjetunion erschwert eine zentrale Kontrolle von deren Nachfolgestaaten**. Relativ kleine, isolierte und unstabile Staaten sind seither im Besitz von atomarem Know-how und Material, was für sie nicht nur in Krisenzeiten ein wichtiges Drohpotenzial darstellt. Vor allem das technische Wissen ehemaliger Sowjet-Wissenschaftler steht nun potenziell dem Weltmarkt zur Verfügung und eröffnet auch anderen Staaten die Möglichkeit, sich ein Atomwaffenarsenal zuzulegen.

So stehen eine Reihe von Ländern wie Nordkorea, Iran und andere im Verdacht, im Besitz von Nuklearwaffen zu sein, oder kurz davor zu stehen. Weitere Probleme sind der **weltweite Rüstungsexport**, der viele staatliche Kontrollbemühungen unterläuft, wie auch die **Entwicklung neuartiger Waffensysteme**. Neben der atomaren Bedrohung stellen auch biologische/chemische Kampfstoffe Felder der Rüstungskontrollpolitik dar.

4.2 Entwicklungspolitik

Seit den 1960er-Jahren gehört der sog. **Nord-Süd-Konflikt** zu den großen
weltpolitischen Konfliktkonstellationen. Damit ist der sozioökonomische,
außenwirtschaftliche und verteilungspolitische Interessenkonflikt zwischen
Entwicklungsländern im Süden auf der einen Seite und Industrieländern im
Norden auf der anderen Seite gemeint. Die Unterentwicklung des Südens
bedeutet ein enormes politisches, soziales, ökonomisches und ökologisches
Destabilisierungspotenzial. Hunger, Massenfluchtbewegung, Staatskri-
sen, inner- und zwischenstaatliche Verteilungskämpfe und Umweltzerstö-
rung haben oft globale Auswirkungen, die das ganze internationale System
gefährden. Entwicklungspolitik will deshalb durch **Überwindung der
Unterentwicklung der Staaten** der Dritten und Vierten Welt den Nord-
Süd-Gegensatz abbauen und damit zur internationalen Stabilität beitragen.

Das Anliegen der Entwicklung der südlichen Hemisphäre wurde nach
verschiedenen Konzepten verfolgt. Seit Mitte der 1980er-Jahre wird von
allen wichtigen Organisationen und Ländern das **Konzept der Nach-
haltigkeit** favorisiert. Demnach soll die Politik so ausgerichtet sein, dass
die Bedürfnisbefriedigung der heutigen Generation nicht die Chancen künftiger Generationen beeinträchtigt. Dies bedingt sozial- und umweltverträg-
liche Produktions- und Konsummuster sowohl in den Entwicklungsländern
als auch in den Industriestaaten. Ziel ist die Verbesserung der wirtschaftlichen und sozialen Lage der Menschen durch **Mobilisierung der Entwick-
lungskräfte des Landes**. Dies bedeutet Überwindung von Arbeitslosigkeit,
Analphabetismus, Lebensmittelmangel, Dürre, Obdachlosigkeit und medizi-
nischer Unterversorgung. Dabei sollen die kulturellen, besonders die religiösen Wertvorstellungen, die soziologischen, klimatischen und ökonomischen
Bedingungen des entsprechenden Entwicklungslandes berücksichtigt werden. Innerhalb der Länder sollen **stabile regionale Wirtschaftskreisläufe**
aufgebaut und eine gezielte Industrialisierung zur Steigerung des Lebens-
standards durch die Produktion von Massenkonsumgütern erreicht werden.
Maßnahmen der Entwicklungshilfe sind u. a.:

- **Kapitalhilfe:** Langfristige Kredite zum Bau von Staudämmen, Kraftwer-
  ken, Eisenbahnen, Verbesserung der Infrastruktur insgesamt etc.
- **Technische Hilfe und Bildungshilfe:** Ausbilden und Anlernen von
  Arbeitskräften im technischen Bereich, Bekämpfung des Analphabe-
  tismus, Entsendung von Lehrern, Förderung des Bildungswesens.
- **Nahrungsmittelhilfe** zur Linderung akuter Notlagen.
- **Medizinische Hilfe** vor allem zur Senkung der hohen Kindersterblichkeit.
- **Handelshilfe:** Vorzugsbehandlung bei Zöllen, Integration der Entwick-
  lungsländer in die Weltwirtschaft.

Stichwortverzeichnis

Abgeordneter 18, 23, 49 ff., 108
– Mandat 46 f., 49
Altersstruktur 68 f.
Armutskluft 89
Außenpolitik 99 ff.

Bevölkerung
– Geburtenrückgang 68, 70
– Prognosen
– -entwicklung 69, 71
– -struktur 68 ff.
Bundeskanzler 52 f., 56 f., 60
– Richtlinienkompetenz 56
Bundesminister 56, 60
Bundespräsident 45, 48, 50, 52 f.,
   56, 60, 64
Bundesrat 41, 48, 53, 58 ff.
Bundesrechnungshof 48, 53
Bundesregierung 48, 53 ff.
Bundesstaat 28, 41
Bundestag 46 ff.
– Plenum 50, 54, 60
Bundesverfassungsgericht 44,
   48, 53 f., 58, 62 f.
Bundesversammlung 48, 53, 64
Bundeswehr 122 f.
Bürgerbegehren 18, 106
Bürgerentscheid 18
Bürgerinitiative 38, 45
Bürgerrechte 42

Demokratie
– direkte (plebiszitär) 12 f., 18 f.,
   21, 35

– indirekte (repräsentative) 12,
   18, 20 f., 24 ff.
– Kennzeichen 12 ff., 24, 41
– wehrhafte 34, 44
Diktatur 2 ff., 17
Direktmandat 46 f.
doppelte Mehrheit 106 f.

Einheitsstaat 28 f.
Einspruchsgesetz 58, 60
Enquete-Kommission 50 f.
Entwicklungshilfe 134
Entwicklungspolitik 134
Euro 105, 109
Europa 102
Europa der zwei Geschwindig-
   keiten 114
Europäische Einigung/Integration
   102 ff.
Europäische Gemeinschaft
   103 ff.
Europäische Union (EU)
– Erweiterung 110 ff.
– EU-Kommission 106 ff., 115
– EU-Parlament 106, 108 f., 112 f.
– Europäischer Rat 107
– Gemeinsame Außen- und
   Sicherheitspolitik (GASP)
   104 ff., 108, 110
– Grundrechtecharta 106
– Integrationsprozess 102 ff.,
   110 f.
– Ministerrat 107 ff., 113
– Ratspräsidentschaft 107

Europäischer Binnenmarkt 104
Europarat 102

Familie
– Funktionen 72 ff.
– Funktionsverlust 72
– Rollenerwartungen 73
– Strukturwandel 72 f.
Familienstruktur 72 f.
Faschismus 2
Föderalismus 28, 41, 58 f.
Fraktion 21, 26, 49 ff.
Fraktionsdisziplin 26 f., 49
Freies Mandat 20, 49
freiheitlich-demokratische
    Grundordnung 40, 44
Frieden 116, 127
Friedenssicherung 116 ff.

Generationenvertrag 70, 93
Gesellschaft 66 f.
Gesetzgebung 20, 27 f., 30, 41,
    53, 58 ff.
Gewaltenteilung
– horizontale 8, 12, 14, 26, 28,
    41, 63
– vertikale 4, 28, 41
Gewerkschaft 39 f.
Gliedstaat 28, 41
Grundgesetz 19, 40 ff., 59
– Ewigkeitsklausel 44
Grundrechte 4, 14 f., 42 ff., 62

Identitätstheorie 16 f.
Immunität 49
Indemnität 49
Individualisierung 73, 86
Industriegesellschaft 66, 72
– Wandel 77, 84 ff.
Integrationspolitik 71

internationale Beziehungen 98 f.
internationale Politik 98
Internationaler Strafgerichtshof
    127, 129

Kabinett 56 f.
Kerneuropa 114
Koalition 55 f.
Konkurrenztheorie 16 f.
konstruktives Misstrauensvotum
    26, 53, 55, 57
Konvergenzkriterien 105

Landtag 45, 53
Lissabon-Vertrag 104 ff.
Lobbyismus 38

Maastrichter Vertrag 104 f.
Marxismus 2 f.
Medien 36 f.
– Einschränkungen 4 f., 7
– Funktionen 34, 36 f.
Mehrheitswahlrecht 23, 46
Menschenrechte 12, 42, 102, 124,
    126 f., 132
Migration 71
Milieu, soziales 82 f.
Militärregime 10 f.
Minderheiten 16, 21, 23, 27
Mobilität, soziale 80 f., 84 f.
Monarchie 3

Nachhaltigkeit 134
NATO (North Atlantic Treaty
    Organization) 117 ff.
– Generalsekretär 119
Normenkontrollverfahren 62
NPD-Verbot 44, 62

Opposition, parlamentarische 27,
    51, 54 f., 60, 62

Organisation für Sicherheit u. Zu-
    sammenarbeit (OSZE) 124 f.

Parlament 34, 38, 50 ff.
Parteien 22 ff., 34 ff., 44 f.
– Aufgaben 34
– -verbot 34, 44, 62
Partizipation, politische 18 ff., 28 f.,
    45 ff.
Peacekeeping 131 f.
Pluralismus 17, 34, 41

Randgruppen 88 f.
Rätedemokratie 19
Rechtsstaat 14 f.
Rechtsstaatsprinzip 14 f., 41
Referendum 18, 106
Regierungssystem
– parlamentarisches 24 ff., 64
– präsidentielles 24 ff.
Regionalismus 29, 113
Republik 3

Sainte-Laguë /Schepers-Verfahren
    47
Sicherheitspolitik 104 ff., 108 ff.,
    120 f.
Solidarität 92
Souveränität 98, 100, 107, 110,
    118, 132
soziale Sicherung 90 ff.
Sozialstaatsprinzip 40
Sozialstruktur 66 f., 80 f.

Sperrklausel 22, 46
Subsidiarität 29, 92, 113

Theokratie 8 f.

Überhangmandat 46
UNO (United Nations Organi-
    zation) 126 ff.
– Charta 117, 126 f.
– Generalsekretär 128 ff.
– Generalversammlung 128 f.
– Sicherheitsrat 101, 126, 128 ff.
Untersuchungsausschuss 51, 55

Verbände 17, 21, 38 f.
Verfassungsbeschwerde 45, 62 f.
Verfassungskern 44
Verfassungsprinzipien 40 ff.
Verhältniswahlrecht 22, 46
Vermittlungsausschuss 60
Vertrauensfrage 55, 57
Volksbegehren 18 f.
Volksentscheid 18
Volkssouveränität 12 f., 41

Wahlen
– Wahlgrundsätze 45 f.
– Wahlsysteme 22 f., 46
Werte(system) 70, 73, 78 f.
WEU (Westeuropäische Union)
    102

Zentralismus 28 f.
Zustimmungsgesetz 58

Bist du bereit für deinen Einstellungstest?

Hier kannst du testen, wie gut du in einem Einstellungstest zurechtkommen würdest.

1. Allgemeinwissen
Der Baustil des Kölner Doms ist dem/der ... zuzuordnen.

a) Klassizismus   b) Romantizismus
c) Gotik   d) Barock

2. Wortschatz
Welches Wort ist das?

N O R I N E T K T A Z N O

3. Grundrechnen
-11 + 23 - (-1) =

a) 10   b) 11   c) 12   d) 13

4. Zahlenreihen
Welche Zahl ergänzt die Reihe logisch?

17 14 7 21 18 9 ?

5. Buchstabenreihen
Welche Auswahlmöglichkeit ergänzt die Reihe logisch?

e d f f e g g f h ? ? ?

a) h i j   b) h g i   c) f g h   d) g h i

Alles zum Thema Einstellungstests findest du hier:

www.stark-verlag.de   **STARK**

Eure Lern**tipps**

aus der
Insta-Community

Chiara, 16

Verwendet Farben zum Lernen! Es wird viel übersichtlicher. Und wenn man den Lernzettel anschaut, ist man viel motivierter beim Lernen, weil er schön bunt ist.

Özgür, 20

Vergiss nicht, wie weit du bisher gekommen bist, und wie viel Potenzial in dir steckt.

Miriam, 18

Bewusst eine Auszeit zu nehmen ist effektiver, als alles nur aufzuschieben.

www.stark-verlag.de

Mehr Lerntipps findet ihr in unserer Instagram-Community: @stark_verlag

STARK

STOPP DIE
PANIK

Mit der Fußsohlen-Methode

Prüfungen können Angst- und Fluchtsituationen sein. Dein Körper schüttet Adrenalin aus und dämpft das Gefühl in den Füßen. Z. B. beim Weglaufen ist es gut, wenn man die Füße nicht spürt. Eine Prüfung ist aber **keine Gefahrensituation**. Signalisiere deinem Körper, dass du nicht weglaufen musst, und bring das Gefühl in deine Füße zurück:

Setze oder stelle dich hin.
Die Füße müssen den **Boden** berühren.

Schließe jetzt deine Augen und **denke** dich in deine Füße hinein.

jeden einzelnen **Zeh** von klein **spüre** bis **groß**.

Erkunde den **Bogen** deines Fußes.

Fahre in Gedanken um die **Fersen**.

Spüre den **Druck** auf dem Boden.

Dein Körper **fühlt** die Füße wieder und denkt, er sei in keiner Panik-Situation, sondern in **Sicherheit**.

STARK